DR. AMÉRICO CANHOTO
RECONSTRUA SUA FAMÍLIA
CONSIDERAÇÕES PARA O PÓS-PANDEMIA

DR. AMÉRICO MARQUES CANHOTO
RECONSTRUA SUA FAMÍLIA

CONSIDERAÇÕES PARA O PÓS-PANDEMIA

Série A família do futuro

Minas Gerais, 2021

RECONSTRUA SUA FAMÍLIA –
CONSIDERAÇÕES PARA O PÓS-PANDEMIA

Copyright © 2021 by Américo Canhoto

1ª edição | outubro, 2021 | 1º a 2º milheiro

Dados Internacionais de Catalogação Pública (CIP)

CANHOTO, AMÉRICO
Reconstrua sua família – considerações para o pós-pandemia
DUFAUX: Belo Horizonte, MG, 2021.
237 pág. - 16 x 23 cm
ISBN: 978-65-87210-16-2

1. Espiritismo   2. Autoconhecimento   3. Relações humanas

I. Título   II. CANHOTO, Américo

CDU — 133.9

Impresso no Brasil   Printed in Brazil   Presita en Brazilo

EDITORA DUFAUX
Rua Contria, 759
Bairro Alto Barroca
Belo Horizonte | MG | Brasil
CEP: 30.431-028
Tel. (31) 3347-1531
comercial@editoradufaux.com.br
www.editoradufaux.com.br

 Conforme novo acordo ortográfico da língua portuguesa ratificado em 2008.

Todos os direitos de publicação reservados à Editora Dufaux. É proibida a sua reprodução parcial ou total através de qualquer forma, meio ou processo eletrônico, sem prévia e expressa autorização da Editora nos termos da Lei 9 610/98, que regulamenta os direitos de autor e conexos. Adquira os exemplares originais da Dufaux, preservando assim os direitos autorais.

SUMÁRIO

PALAVRAS INICIAIS 15

ESTILO DO LIVRO 25

INTRODUÇÃO 29
1.1. Princípios da reengenharia 33
1.2. Conceitos básicos de reengenharia 33
1.3. Empatia 36
1.4. Pausa para reflexão 1 36

PRIMEIRA PARTE
CONSIDERAÇÕES GERAIS SOBRE ALGUNS PROBLEMAS
DA FAMÍLIA NOS DIAS DE GLOBALIZAÇÃO EXPLÍCITA 41

CAPÍTULO 1 – A REALIDADE DA FAMÍLIA ATUAL 43

CAPÍTULO 2 – QUE TIPO DE FAMÍLIA PRECISA DE REENGENHARIA? 45
2.1. Pausa para reflexão 2 47

CAPÍTULO 3 – ESTUDO DOS PROBLEMAS 48
3.1. O que são problemas? 48

3.1.1. Qual a diferença entre problema real e fictício?................49

3.1.2. Pode haver algum tipo de relação entre um problema físico e um psicológico?.................................50

3.1.3. Existem problemas sem solução?.........................50

3.1.4. É possível medir, quantificar problemas? O que seriam os maiores e os menores?............................51

3.1.5. O que seria um problema paradoxo?......................51

3.1.6. Qual a diferença entre as consequências de um problema real e de um imaginário?.....................51

3.1.7. Que diferença a mudança do conceito de problema para lição pode trazer na qualidade de vida da pessoa?..............52

3.1.8. Aceitação e consolo resolvem problemas?...................52

3.1.9. Problema implica em sofrimento?........................53

3.1.10. Pausa para reflexão 3................................53

3.2. Origem dos problemas....................................55

3.3. Modelo energético dos problemas..........................59

3.4. Pessoas-problema.......................................61

CAPÍTULO 4 – QUEM É MINHA FAMÍLIA?...........................64
4.1. A massificação da família................................64

CAPÍTULO 5 – ALICERCES SOCIAIS DO PASSADO....................69
5.1. A disciplina..69

5.2. Valores morais..70

5.3. Liberdade 70
5.4. Materialismo... 71
5.5. Estabilidade 72
5.6. Honra 73
5.7. Respeito.. 74

CAPÍTULO 6 – AMOR, CASAMENTO E FAMÍLIA 75

CAPÍTULO 7 – A RECICLAGEM DO CONCEITO AMOR 76

CAPÍTULO 8 – REVISÃO DO CONCEITO DE FAMÍLIA E DE CASAMENTO 79
8.1. Quase tudo o que se refere ao conceito de amor ainda é interesse 79
8.2. O amor livre é a degradação dos costumes e da decência.......... 80
8.3. O casamento acabou, para que casar? 80

CAPÍTULO 9 – A SEPARAÇÃO E O DIVÓRCIO 84
9.1. O abandono, a separação, é bom ou ruim?..................... 84
9.2. Se a separação for inevitável, como tirar proveito dela? 85
9.3. Deixei todos amparados, não vai lhes faltar nada! 85
9.4. Pare, pense e responda....................................... 86
9.5. O abandono, a separação e a inter-relação..................... 87
9.6. Abandono e insatisfação sempre andam juntos. 87

CAPÍTULO 10 – TIPOS DE SEPARAÇÃO 89
10.1. A motivação 89
10.1.1. Motivos mais comuns para o homem 90
10.1.2. Motivos mais comuns para a mulher abandonar o lar 90
10.2. Decisão unilateral 91
10.3. Separação em comum acordo 92
10.4. Efeitos da separação 92
10.5. Separação em etapas 93
10.6. Separação súbita ou inesperada 96

CAPÍTULO 11 – OS PROBLEMAS DO TRIÂNGULO AMOROSO 98
11.1. Motivos para a não separação 99
11.2. Problemas com a educação utilitarista 101
11.3. Educação é liberdade 102
11.4. Para educar é preciso pensar 104
11.4.1. Como a educação influencia a vida na família 105
11.4.2. Situação atual da educação em família 106
11.4.3. Fatores capazes de limitar a educação ética em família 107
11.5. Como reformular a educação em família? 110

SEGUNDA PARTE
O ESTUDO DOS LAÇOS DE FAMÍLIA 113

CAPÍTULO 12 – CONSIDERAÇÕES INICIAIS DA SEGUNDA FASE 115
12.1. Requisitos básicos para atingir os objetivos................... 117
12.2. Será que devo investir em mudanças?....................... 118

CAPÍTULO 13 – LAÇOS DE FAMÍLIA 119
13.1. A família no tempo e no espaço............................. 120
13.2. A família e a lei de causa e efeito............................ 120
13.3. A família e o livre-arbítrio.................................... 121
13.4. Os perigos da intromissão................................... 121
13.5. A capacidade de discernir reflete a qualidade da relação........ 123
13.6. **Pausa para reflexão 4**................................... 124
13.7. Cabe ao coordenador do processo de reengenharia da família.... 126
13.8. Cabe aos familiares... 127
13.9. Reflexão final... 127

CAPÍTULO 14 – A QUALIDADE DOS LAÇOS DE FAMÍLIA 129
14.1. Quem ama cuida.. 129
14.2. Recursos internos transformadores.......................... 132
14.3. Fatores que limitam e recursos que inibem................... 133
14.4. Recursos externos.. 135

TERCEIRA PARTE
O ESTUDO DO AMBIENTE DOMÉSTICO 141

CAPÍTULO 15 – AMBIENTE DOMÉSTICO 143

15.1. O que é ambiente doméstico?................................. 143

15.2. Primeiro, é preciso definir o que seja um lar..................... 143

15.3. O que o estudo do ambiente físico abrange?.................. 144

15.4. Como avaliar a qualidade do ambiente doméstico?........... 145

15.5. Por que investir na qualidade do ambiente doméstico?......... 145

15.6. Alguns fatores capazes de estimular a melhoria do ambiente doméstico.. 147

15.6.1. Saúde física... 147

15.6.2. A saúde mental e emocional............................... 148

15.6.3. A qualidade de vida....................................... 149

15.6.4. Aspectos físicos da moradia............................... 149

15.6.5. Para melhorar o seu ambiente familiar físico............... 151

CAPÍTULO 16 – COMPONENTES EXTRAFÍSICOS
DA QUALIDADE DO AMBIENTE FAMILIAR 156

16.1. Cuidados com o ambiente familiar extrafísico.................. 157

CAPÍTULO 17 – QUALIDADE DAS RELAÇÕES HUMANAS 161

17.1. Indicadores de boa qualidade na vida em família............... 161

17.2. Pausa para reflexão 5... 163

CAPÍTULO 18 – SABER OUVIR 165

CAPÍTULO 19 – SABER FALAR 168
19.1. Ao falar, devemos vigiar. 168
19.2. Por que falamos? 169
19.3. Por que importa falar bem? 171
19.4. As palavras têm que ter um objetivo. 172
19.5. A importância de selecionar o que se fala. 173
19.6. A articulação das palavras.. 175
19.7. Convicção no falar. 175
19.8. A postura no falar. 177
19.9. Analisar o valor das palavras.. 177
19.10. A palavra educa. 178
19.11. Para aprender, é bom analisar a palavra alheia. 178
19.12. A palavra cura.. 179

CAPÍTULO 20 – LIMPEZA AMBIENTAL 181
20.1. Cada lar tem seu padrão vibratório. 182
20.2. Alguns cuidados de manutenção preventiva. 182
20.3. Alguns recursos físicos de filtragem de energia 184
20.4. Recursos extrafísicos de filtragem de energia. 184

QUARTA PARTE
O ESTUDO DOS FAMILIARES..........................189

CAPÍTULO 21 – O ESTUDO DA PERSONALIDADE DOS FAMILIARES 191

CAPÍTULO 22 – AJUDAR OS FILHOS NO AUTOCONHECIMENTO É DEVER DOS PAIS .. 194

22.1. O papel dos pais em relação aos filhos nos dias de hoje.......... 196

22.2. Para que estudar os filhos?................................. 197

CAPÍTULO 23 – ESTUDO DAS POLARIDADES COMPLEMENTARES 200

23.1. Entenda como funciona o mecanismo das polaridades complementares, com base na compreensão é que tudo é energia.... 201

23.2. Como tirar proveito da complementaridade na vida em família?..202

23.3. Algumas regras de mudanças na estrutura da família para o facilitador ou agente ativo................................203

23.4. Características da personalidade que devemos eliminar........204

23.5. O apressado e o vagaroso...................................206

CAPÍTULO 24 – EFEITO ESPELHO 207

QUINTA PARTE
A REESTRUTURAÇÃO DA FAMÍLIA 211

CAPÍTULO 25 – PROJETO DE VIDA EM FAMÍLIA 213

25.1. Requisitos básicos para iniciar o processo
de restruturação da família. 214

25.2. Partes bem definidas no processo de reengenharia familiar 214

25.3. A fase 1 – O diagnóstico. 216

25.4. A fase 2 – A somatória dos padrões familiares
é o estatuto que rege o empreendimento familiar. 217

CONCLUSÃO 221

BIBLIOGRAFIA 223

FICHA TÉCNICA 224

PALAVRAS INICIAIS

O confinamento criado pela pandemia da Covid-19 pode fornecer condições excepcionais para se iniciar um trabalho bem simples e que se torne eficiente.

É evidente que, à primeira vista, parecerá muito difícil e complexo, mas, conforme repetimos muitos conceitos, é preciso apenas começar e lembrar que todas as realizações humanas dependem de metas, tempo e trabalho.

A família é um laboratório vivo de experiências e de aprendizado, uma sala de aula onde começamos a aprender a ser felizes e perfeitos até o limite do possível. Foi dito que a felicidade plena não é deste mundo, e isso é verdade, mas pode começar nele.

Na família, como em qualquer lugar, podemos tornar o aprendizado da inter-relação prazeroso, simples e fácil como o amor; ou sofrido e complicado como a dor, a escolher segundo as condições do momento. Aceitar e crer que ela é uma das bases para a evolução do ser humano é bom e necessário, porém, crer nisso sem atitudes concretas é como a fé inabalável e cega, mas sem obras: um desperdício. Muito se fala sobre a importância da família, todavia pouco se faz para reestruturá-la.

O confinamento necessário para tentar deter a pandemia da Covid-19 em 2020 colocou as relações familiares em destaque ao mostrar a necessidade de mudanças e ao oferecer oportunidade para tal.

Por que o título da série é A família do futuro?

Como médico de família, tenho observado, no dia a dia, o quanto as pessoas adoecem por conta das dificuldades que têm de interagir com familiares e por ser tão sofrida a vida sob o mesmo teto, para muitas delas.

Há pessoas que se ocultam atrás de máscaras sociais e de conquistas materiais. Irmãos que se antagonizam. Casais em constantes brigas. Animosidade entre pais e filhos.

Boa parte das tempestades verbais, das agressões infelizes, e até das pequenas e grandes tragédias que acontecem entre as paredes estreitas dos lares poderiam ser evitadas a tempo, se houvesse um mínimo de planejamento.

Penso que vale a pena levantar tais questões sob um prisma diferente do habitual, pois, neste momento, estamos mais sensíveis às mudanças e aptos a inventar novas maneiras de lidar com as dificuldades íntimas e de relações humanas.

As manchetes dos jornais e as chamadas dos noticiários mostram que é urgente um novo posicionamento com relação à vida em família.

Nada mais será como antes. Neste momento de grande aceleração e de definição de um novo "normal", nada mais consegue ficar encoberto, e os efeitos estão surgindo logo após as causas que os desencadearam.

A época dos "panos quentes" parece prestes a se esgotar; isso pode ser visto na velocidade com que as famílias são construídas e desmanchadas.

O antigo sistema informal, usado até o momento, aparenta não funcionar muito bem nos dias de hoje, o que é muito sofrido. Quando temos certeza e clareza de intenções, é possível reestruturar as relações familiares.

Daí surgiu a ideia de aplicar à família os conceitos de reengenharia[1], que é uma metodologia de transformações e que tem como metas:

- Controlar as mudanças de forma sistemática e contínua.

- Tornar a mudança tão simples e fácil quanto seja possível.

- Saber que é um processo interminável e comparativo que exige compreensão do que está sendo feito.

- Visar a redução de desperdícios e anotá-los para posterior reavaliação de metas.

Nada do que aqui está colocado é uma novidade contundente em nossa vida. Apenas relembramos ao leitor as eternas maneiras de lidar com as dificuldades que nós mesmos criamos.

A única revolução que esse tema pode causar é no íntimo de cada um, principalmente dos que se consideram bons pais, bons filhos, bons irmãos etc.

A insinceridade dos membros daquelas famílias cheias de dengo, de benzinho daqui, amorzinho dali, fricotinho da-

---

1 É um processo que inclui o planejamento – considerado atividade interna – e a tomada de decisão – considerada atividade externa –, e que implica pôr em questão toda a forma de ação da organização, com a redefinição total dos processos, num corte claro com o passado. O primeiro passo é a definição de uma estratégia global, com levantamento de informação e dados factuais sobre as necessidades e expectativas e identificação das alterações a serem efetuadas. A partir daí, serão criadas as condições para novos processos, por meio do valor de cada um, com a eventual eliminação de atividades que não tragam mais valias.

qui, fricotinho dali, dura até a hora de dividir uma herança deixada por um suicida inconsciente, que se "matou" de trabalhar para depois ver suas "crias" guerreando por mixarias... Desse momento em diante, as feras vão mostrar suas garras, e as máscaras cairão, deixando as presas à mostra.

Isso poderia ser evitado? Claro que sim! Estudaremos a forma de evitar tais acontecimentos.

Será que a reengenharia familiar é mesmo necessária?

Preste atenção ao que as pessoas dizem ao seu redor e, principalmente, nos meios de comunicação: crianças são espancadas e abandonadas, velhos pais são atirados ao relento, estupros no próprio lar, incestos, crimes em família e outras atrocidades.

Observe as pessoas afirmando que o mundo está perdido e que as crianças e os jovens de hoje são inconsequentes, utilizam uma fala alucinada e uma escrita enviesada, se expressam na forma de violência contra si e contra os outros, são agressivos, exibicionistas, irreverentes e vândalos e, para serem assim, contam com certa ajuda do meio e dos adultos.

A cultura os estimula a consumirem alimentos e medicamentos que criam dependência química, além de os incitar ao uso do álcool, do fumo, do açúcar, de energéticos, de tóxicos e, principalmente, pasmem, aos maus exemplos dos adultos, pais, mães e outros. *Raros assumem sua responsabilidade para tentar resolver o problema.*

"Isso é um absurdo!" – dizem muitas dessas pessoas que se acham bem situadas na vida. "É o fim do mundo!" – afirmam. "Afinal, boa parte desses jovens têm tudo o que nós, seus pais, não tivemos na nossa época.". Eles podem:

- Comer o que desejam e o quanto queiram.
- Beber tudo.
- Possuir roupas da melhor marca e qualidade.
- Contar com segurança, informação, conforto, tecnologia, facilidades e prazeres.
- Ter um nome respeitado, projeção social, tudo do bom e do melhor.

Ouvimos, e dizemos, com frequência:

- "Nós nos matamos para oferecer tudo isso a eles, e eles não valorizam.".
- "Por que se comportam assim? Só Deus sabe quanto me esforcei e me sacrifiquei para chegar aonde cheguei.".
- "Comi o pão que o diabo amassou para dar aos meus filhos tudo que eles têm hoje!".
- "Só pode ser o fim do mundo, não há explicação para tanta ingratidão!".

Neste livro, refletiremos sobre isso.

De quem é a responsabilidade desse aparente retrocesso?

Para esse tipo de pais queixosos, certamente ela é dos outros, daqueles que se expõem à tarefa de educadores: professores, religiosos, psicólogos, e até políticos. Isso é o que dirá a maioria dos pais que terceirizaram a educação dos filhos. Costumam ser pessoas que jamais assumem as próprias responsabilidades.

Nesta reflexão, abordaremos algumas das possíveis causas de nos sentirmos insatisfeitos com tudo e com todos, mal-amados, infelizes e incompreendidos, e estudaremos algumas das prováveis soluções.

Apesar de tudo, vivemos um momento dos mais interessantes na vida humana, pois, no íntimo de cada um de nós, está ocorrendo uma revolução pelo poder, uma luta para ver quem nos comanda, quem é o chefe do nosso pensar/sentir/agir.

Nesta fase de transição, ainda não sabemos com muita clareza quem é o chefe dentro de nós: se o animal – o modo "troglodita" – ou o "bicho", que tenta ser humano; ainda não sabemos exatamente quem comanda. Essa é uma das causas de hoje nos sentirmos tão ansiosos, agoniados, com um "nó no peito" ou com um vazio, um "buraco no estômago", que alguns tentam satisfazer comendo sem ter realmente fome.

Tentamos ignorar essas sensações, mas não é possível negar o que sentimos, pois elas são reais, mesmo que não pareçam, e até se tornam concretas, materializando-se no corpo, criando sintomas e, depois, doenças.

Neste livro, lanço uma questão para resolvermos em conjunto: *Descobrir quem somos e o que queremos.*

Não temos clareza de ideais e metas. Ninguém se define: sou isso ou aquilo, desejo isso ou aquilo. Se essa dúvida e essa luta íntima estão "rolando" dentro de nós, é natural e lógico que essa guerra pelo poder interno seja repassada para a família e para a sociedade. Somos parte de um todo, quer queiramos ou não.

Nesse contexto de indefinições e guerras, íntimas e coletivas, no qual não sabemos ainda quem somos e o que viemos fazer na vida, cresce a cada dia, assustadoramente, o número de órfãos que pedem atenção e amor, órfãos de pais vivos e pouco responsáveis.

Carentes e frustrados, comunicam-se do jeito que são capazes, quase sempre com agressões. Por outro lado, na condição de filhos, também não sabem ao certo se preferem que o pai e a mãe se tornem presentes com carinho, amor e compreensão ou se preferem o ter, o possuir e o aparentar a qualquer custo e a qualquer preço.

Se estão num polo, preferem o outro; se possuem algo, desejam mesmo é ter o que não têm, quase sempre desvalorizando o que possuem. A verdade é que todos nós ainda somos muito complicados, e o confinamento da pandemia expôs o que antes estava oculto.

Nossa vida íntima e social é incoerente. A pouca maturidade, ajudada pela pressa e pela ignorância quanto à qualidade humana dos interesses de cada dia, transforma polaridades complementares[2] de uma unidade em absurdos incompreensíveis. A família não deixa de ser vista e sentida como uma contradição, pois, de um momento para o outro, num piscar de olhos, ela nos alegra ou entristece, cura ou adoece, vivifica ou mata, enobrece ou rebaixa.

Soluções? Claro que há!

Na verdade, a família não é somente um foco de lutas e de dificuldades, mas também uma fonte geradora de felicidade quando há, entre seus integrantes, uma mínima compreensão dos destinos do ser humano, que são diversos dos des-

---

2 Esse conceito será estudado mais adiante, nesta obra.

tinos dos animais. Há, no ser humano, alguma coisa mais além das necessidades físicas, há a necessidade de progredir, de modificar a si mesmo, de gerenciar a própria vida, de criar o próprio destino.

Ainda hoje, temos um sério entrave à compreensão do verdadeiro papel da família na evolução humana. *A maioria das pessoas ainda não se humanizou o suficiente, ainda não se definiu como um verdadeiro ser humano, ainda não tem ideais nem valores.*

Falar ou pensar assim parece forte, desumano, cruel, e "pega pesado", para alguns, o fato de serem rotulados de "trogloditas".

Hoje, cada ser humano contém em si toda a evolução das espécies. Nossa parte animal nos fornece os reflexos e os instintos. Nossa parte primata nos oferece as sensações e as emoções e, na exacerbação dessa busca de sentir prazer, repassa-nos alguns instintos pervertidos. Vejamos um exemplo: nenhum outro animal come sem ter fome, ou bebe sem ter sede, exceto nós; nenhum outro animal empanturra as crias, obrigando-as a comer sem ter fome.

Cabe à razão, privilégio dos humanos nesta dimensão da vida, coordenar e integrar os reflexos e os instintos às emoções e aos sentimentos, para elevar a criatura à condição humana.

Porém, o que se percebe é que uma terrível preguiça de pensar mantém as criaturas prisioneiras de si mesmas ou dos interesses animalizados do "troglodita" íntimo. Estão algemadas a interesses puramente fisiológicos, tendo objetivos mais humanos, mas ainda sem tentar se libertar da forma antiga de viver.

Viver como ser humano é educar o outro e a si mesmo, e aceitar ser educado pelos demais. Para isso, é preciso pensar. Educar sem raciocínio e sem reflexão é treinar. A maior parte dos pais não educa os filhos, apenas os treinam para viverem uma vida pobre de objetivos humanos e quase sem sentido. De vez em quando, o bicho se volta contra o dono.

Educar com reflexão é a base da vida em família.

Esta é a proposta: educar o indivíduo para viver a vida como humano, para, depois, buscar a melhora de seu padrão de qualidade pessoal, pois apenas seremos pais e mães, filhos e filhas, cidadãos e profissionais de boa qualidade quando tivermos atingido um bom padrão íntimo de qualidade.

A família do futuro educará seus filhos para atuarem além do campo das obrigações humanas, para serem bons pais, bons filhos e bons cidadãos.

Para manter a integridade pessoal e social, apertemos cada vez mais os laços de família, com amor e reengenharia.

O autor

ESTILO DO LIVRO

Este é um livro interativo!

Por meio dele, procuramos nos relacionar com o leitor. Tentamos torná-lo um manual de informação, e principalmente:

- Estimular a aplicação e a execução de anotação.
- Criar um registro para comparações futuras de sucesso ou de fracasso das propostas.

Para o bom andamento do processo de reengenharia da família, sugerimos que estas anotações sejam feitas à parte, em um caderno especialmente preparado com esse objetivo. Em virtude da banalização do conceito de livro de autoajuda, que é decorrente da superficialidade de muitos, preferimos não o enquadrar nessa classificação.

A intenção básica do livro é despertar nas pessoas a necessidade de buscar qualidade pessoal, familiar e social mediante o autoconhecimento seguido de transformação íntima, para poderem influenciar outras pessoas com qualidade. É preciso que fique claro, para todos os leitores, que a reestruturação é uma das leis da vida e que não indica necessariamente falha, desvio ou erro. Indica apenas aprendizado, aperfeiçoamento e progresso.

O público-alvo é constituído por pessoas que já tenham um projeto de vida, o que não impede que alguns tenham essa necessidade despertada durante a leitura.

Apresentação dos conceitos usados no livro

Família: Utilizaremos o conceito de família como um grupo de pessoas ligadas entre si por laços hereditários ou não, mas com interesses comuns. Ou o conceito jurídico de família: deriva da união de dois seres que elegeram um ao outro para uma vida em comum por meio de um contrato, dando origem à descendência ou não.

Laços de família: Buscamos no dicionário o significado de nó: nó corrediço facilmente desatável; laçada; enlaçadura. Aliança, vínculo, ligação.

Pais: Consideramos como pais o conjunto formado pelo pai e pela mãe, naturais ou adotivos, e até mesmo por quem cuida da criança como responsável pela sua formação e educação.

Filhos: Designaremos genericamente como filhos tanto os do sexo masculino quanto os do sexo feminino, sejam de origem natural, sejam adotivos.

Lar: Não consideramos apenas a casa, a construção em si, os móveis. Neste estudo, entendemos o lar também num sentido subjetivo, como um local onde se encontra paz, carinho, renúncia, dedicação, segurança física e afetiva.

Leis naturais da evolução: Conjunto de leis de eletromagnetismo que regem a evolução das espécies. Quando aplicadas ao ser humano, englobam também as leis ético morais. Exemplo: a lei de causa e efeito.

Livre-arbítrio: Capacidade humana de desenvolver suas próprias escolhas e de optar pela melhor maneira de aplicar e utilizar sua inteligência.

Determinismo: É resultante do uso do livre-arbítrio. Pode também ser chamado de conjunto causa e efeito.

Pensar/sentir/agir: Caracteriza o ser humano na sua expressão perante a dinâmica da vida. Alinhada às leis naturais da evolução, ela enobrece e felicita o homem; quando desalinhada, infelicita e avilta-o.

Padrão vibratório: Quando o ser humano pensa, sente e age, irradia ondas de energia que determinam sua marca pessoal e que atuam em si mesmo, nos outros e no meio ambiente. Esse padrão vibratório é o que determina o seu sentir-se melhor ou pior mediante a interpretação das sensações geradas no seu corpo físico e no meio que o cerca.

A repetição do pensar, sentir e agir é que determina a frequência do padrão vibratório da pessoa, posicionando-a numa determinada faixa. Cada conjunto desses tem frequência diferente.

Vejamos um exemplo: irradiar ódio difere de emitir afeto, e tudo o que é irradiado um dia retorna ao emissor de origem. Portanto, a resposta energética que terá de volta das outras pessoas e do ambiente é diferente para cada tipo de frequência emitida, e essa resposta fixará na pessoa efeitos que, interpretados, produzirão uma forma de sentir-se feliz ou infeliz, adequado ou inadequado.

Sintonia: Padrões vibratórios semelhantes se atraem. Um ditado popular define bem a sintonia humana. "Diz-me com quem andas, que te direi quem és.".

Imaturidade: Usamos o conceito de imaturidade quando ainda não há correspondência entre a idade cronológica e a forma de reagir e agir da pessoa. Exemplo: pessoas de cinquenta anos de idade atuando como se fossem criaturas de sete ou oito.

Somatização: Somatizar é causar um distúrbio orgânico, materializar o resultado de um sentimento ou de uma emoção no corpo físico.

INTRODUÇÃO

O ser humano é um animal racional, moral, social, bípede, mamífero, bímano, naturalmente monogâmico, capaz de linguagem articulada e que ocupa o primeiro lugar na escala zoológica nesta dimensão da vida. O momento mais eloquente da sua evolução se deu quando adquiriu o raciocínio contínuo, que trouxe consigo o livre-arbítrio, e passou a desenvolver a consciência para discernir o bem do mal, a verdade da impostura, o certo do errado. Na Terra, o único agente capaz de agir moralmente é o ser humano.

As pessoas existem para serem criativas. Ao longo de sua evolução, elas foram preparadas para ser inovadoras, livres e felizes. Esse é o seu destino. Porém, sem educação, não há criatividade, nem liberdade, nem felicidade.

E educar também é socializar, pois somos um ser social capaz de interagir com os outros e com o meio que nos cerca. A Terra é um perfeito Planeta Escola, não uma colônia de férias como anseiam os mais imaturos. E somos, ao mesmo tempo, educandos e educadores.

Quem se acha autossuficiente e acredita que não dependente dos outros para nada; quem é capaz de viver absolutamente só é, sem dúvida, psicótico ou esquizofrênico nos conceitos. A evolução do ser humano se faz necessariamente em grupos, cada um é uma unidade que congrega outras unidades menores, e compomos uma unidade maior, que é a humanidade, nossa real família, e assim sucessivamente.

Desde remotas eras, por necessidade de preservação da vida, os seres se viram conduzidos à necessidade de cooperação recíproca a fim de sobreviver às múltiplas dificuldades em que se viam envolvidos. A união das necessidades inspirou as soluções para que muitas questões fossem resolvidas em conjunto.

Formaram-se os primeiros grupos, por intermédio dos quais nasceram as ligações afetivas e a defesa dos ainda dependentes, principiando a instituição das famílias e de seus princípios de funcionamento, através dos tempos e das culturas, até o tipo de família que predomina nos dias de hoje.

Quem estuda o desenvolvimento e a evolução da humanidade sob qualquer ângulo, seja segundo uma visão histórica, antropológica ou até mitológica (para quem ainda acredita em Adão e Eva), sabe que o primeiro e mais importante grupo social é a família, cujos participantes moram na mesma casa, satisfazem suas necessidades fundamentais no interior do grupo, dependem da mesma fonte para o sustento econômico, trabalham em comum na criação dos filhos, desenvolvem o cuidado mútuo para a saúde, ensinam e aprendem entre si. Na sua forma natural, a família deveria educar e a escola, instruir. *A interação entre os membros da família supera todas as outras interações humanas em frequência, intensidade, emoções e sentimento.*

Não é possível ter uma visão coerente do ser nem uma tecnologia social progressista e justa, ou aquele mundo melhor que todos sonham (mas que poucos fazem algo de concreto para que se torne realidade), sem conhecer a natureza dos grupos, especialmente o grupo familiar.

A natureza da pessoa se torna uma incógnita, sem respostas seguras a uma série de questões, em especial àquelas referentes ao funcionamento dos grupos familiares.

Para compreendermos a instituição famíliar, é preciso que tentemos responder a algumas perguntas:

- Como, quando, e em que condições se formam as famílias?

- Quais as condições mínimas necessárias para o seu desenvolvimento e funcionamento eficientes?

- Quais são os fatores gerais que provocam o declínio e a desintegração do grupo familiar?

- Como o grupo familiar influencia as atitudes, o comportamento, o pensamento, a motivação e o ajustamento dos indivíduos?

- O que determina que algumas famílias tenham uma influência importante em seus membros, e outras exerçam uma influência pequena ou quase nula nos seus componentes?

- Quais são os fatores sociais capazes de interferir no fortalecimento ou na desintegração dos grupos familiares?

- Qual contribuição os desajustes das relações de interação podem oferecer aos membros de uma família?

- Qual a importância das relações familiares nas doenças de cada um dos seus componentes?

Questões como essas precisam ser respondidas antes de compreendermos realmente a natureza das dificuldades pessoais de cada um e daquelas que são decorrentes das relações familiares, uma vez que é impossível separar as dificuldades internas do indivíduo da sua relação com o meio.

Grandes filósofos e gênios respeitados em suas épocas, e ainda hoje, não conseguiram decifrar o sentir-se feliz ou infeliz.

E esse enigma permanece até a atualidade.

Todos, até agora, esbarraram num dilema e não conseguiram, ou não tiveram coragem, pelos mais variados motivos, de ir a fundo na questão primordial da vida.

A chave do mistério é a identificação da real finalidade do existir:

- Quem somos nós?

- E o que fazemos aqui?

Já parou para pensar nisso, leitor? Se já, anote suas conclusões de hoje para poder compará-las com as de um futuro não muito distante. Caso ainda não o tenha feito, não perca tempo, pense, pois disso pode depender o seu sentir-se feliz ou infeliz no amanhã.

Partindo do pressuposto de que já experienciamos o que fomos, o que somos e ainda seremos, fica mais fácil achar um real sentido para a vida: a evolução, um constante progresso. Motive-se para viver e criar algo novo e diferente, de forma voluntária, ativa e participante.

A adaptação dos conceitos de reengenharia à melhoria da qualidade do ser serve perfeitamente aos propósitos deste livro. Podemos chamá-la de Reestruturação da Família Humana.

A reengenharia é uma metodologia de mudanças que tem como metas:

- Controlar as mudanças de forma sistemática e contínua.

- Tornar essas mudanças tão simples e fáceis quanto seja possível.

Na família, a reengenharia busca:

- Ter conhecimento de como funciona aquele grupo familiar para adotar um reposicionamento.
- Determinar o que deve ser modificado, dando início à reestruturação dos mecanismos de funcionamento.
- Instituir os novos planos para o futuro.

1.1. Princípios da reengenharia

- O padrão de qualidade só pode ser alterado por meio de um processo contínuo de mudanças e aperfeiçoamento.
- É interminável.
- É comparativo.
- Exige compreensão do que está sendo feito.
- Visa a redução de desperdícios.

1.2. Conceitos básicos de reengenharia

Paradigma: Conjunto de normas que estabelecem fronteiras ou limites.

Pressuposições: São partes dos paradigmas, são convicções inconscientes que filtram e rotulam nossas percepções atuais, ajudam a formar nossa visão do mundo.

Atitude: É uma forma organizada e coerente de pensar, sentir e reagir em relação a grupos, questões, outros seres humanos ou, mais especificamente, a acontecimentos ocorridos em nosso meio.

Posicionamento inicial: É o conhecimento *sobre como*, *para que* e *em quanto tempo* mudar. Depende da qualidade das informações recolhidas para fundamentar a decisão de mudanças, o que pode ser decisivo para o sucesso ou fracasso.

Metas de mudança: Depende do posicionamento inicial e tem a função de redirecionar e reduzir custos, e melhorar a qualidade e a execução das tarefas. Criar constância de propósitos e extirpar o medo de mudanças. Instituir programa de ação, treinamento.

Reestruturação: Inicia-se com a coleta de dados e com a comparação entre a posição atual e a posição almejada. A partir disso, é que é possível buscar alvos para melhoria.

Metodologia: É a escolha do caminho a seguir, um roteiro definido a partir de um planejamento que levou a um método, que tanto pode ser original quanto adaptado.

Implementação: É a execução do plano ou da tarefa segundo providências concretas.

Gerenciamento de mudanças: Tudo o que já se sabe que funciona deve ser incorporado, e tudo o que não funciona deve ser descartado.

Porém, a operação de mudança deve ser flexível e idealizada para efetuar modificações e adaptações contínuas. Para obter sucesso, é preciso:

- Criar um ambiente para mudanças contínuas.

- Diminuir as dificuldades em incorporar novos conceitos e tecnologia.

- Encarar a mudança como uma oportunidade.

- Reciclar a organização e o método de trabalho.
- Criar alvos para melhoria.
- Criar padrões de mudança.
- Diminuir as resistências às mudanças.
- Ajudar o outro a perceber o tempo e a necessidade de mudar rapidamente.
- Desenvolver a flexibilidade.
- Eliminar os entraves.
- Criar sinergia, ação simultânea comum.

Revisão de metas: Periodicamente, após uma análise realista, é preciso definir uma nova posição a ser atingida.

Reposicionamento: Determina o que deve ser modificado após a comparação entre o desejado e o já obtido, constitui a estrutura para a mudança.

Esses conceitos, adaptados à estrutura da família, podem ser de grande auxílio na evolução pessoal, do grupo familiar e, por extensão, da sociedade como um todo. *Para que a reestruturação familiar seja possível e tenha sucesso, o(s) condutor(es) do processo deve(m) conhecer e treinar o conceito de empatia[3], que é um requisito básico, fundamental mesmo.*

---

3 Empatia é o modo de conhecimento intuitivo de outra pessoa baseado na capacidade de colocar-se no lugar do outro. É algo adquirido, conquistado. Não se dá nem se empresta, nem se ganha, depende de conhecimento, tempo e esforço pessoal.

1.3. Empatia

Técnica que pode ser desenvolvida ao nos colocarmos no lugar do outro, respeitando seu momento, suas crenças e suas capacidades já desenvolvidas.

Para que se consiga boa e eficaz empatia, é necessário conhecer o outro. Só que é preciso ter atenção a alguns detalhes importantes que podem se tornar empecilhos:

- Estudar o outro não é julgá-lo, pois o julgamento pode criar preconceitos que atrapalham.

- Como ainda não somos, nenhum de nós, autenticamente verdadeiros, é preciso treinar para aprender a separar o que é da personalidade social da pessoa do que é componente da sua real identidade.

- É preciso enfocar as questões segundo a visão de mundo do outro; caso contrário, estaremos medindo as situações com a nossa própria escala de valores e de conhecimento, o que invalida a empatia.

1.4. Pausa para reflexão 1

Façamos a primeira parada para pensar. Esperamos que o leitor já tenha definido para si, ou pelo menos tentado definir, alguns pontos essenciais para continuarmos nosso estudo interativo, portanto, anote:

- Quem somos nós, e o que fazemos aqui?

- Quem é você, e a que veio na existência?

- Quais são seus planos, seus objetivos para a vida?
- Em que valores se assenta sua visão de mundo (do "troglodita" ou de um verdadeiro ser humano)?

Se o leitor deseja aplicar esses conceitos a si e à sua família, é da maior importância que tudo seja registrado, escrito, pois já há comprovação de que o velho e antigo sistema informal não dá certo, que os resultados são pobres.

É também por causa dele que a evolução humana ainda se faz mais com a ajuda da dor física e moral, que podemos chamar de evolução passiva.

Primeiro, e sem que ninguém saiba:

- Comece com a anotação da sua própria reengenharia, da sua própria reestruturação pessoal (não queira "vender" aos outros as suas intenções, que são um produto que ainda não existe, para não perder a credibilidade).
- Saia, de forma gradativa, do campo das puras intenções, criando seu "produto", ou seja, sua melhor qualidade pessoal, para inspirar a ideia da reestruturação da família aos que o cercam.
- Entenda que sua reestruturação naturalmente implica na de cada membro dessa família.
- Compreenda que a reestruturação pessoal e a familiar devem ocorrer simultaneamente.
- Se o leitor ficar esperando para começar o projeto de reestruturação da família somente após ter adquirido

um bom padrão de qualidade pessoal, vai demorar uma eternidade para começar. O único requisito é o exemplo de tentar.

- Depois, adote ou elabore um sistema de anotação para o projeto de reestruturação de sua família. No decorrer do livro, ofereceremos sugestões.

- Sugerimos começar pelo diagnóstico das complicações familiares, partindo do geral para o particular e identificando a natureza de uma dificuldade por meio de seus indícios.

PRIMEIRA PARTE

CONSIDERAÇÕES GERAIS SOBRE ALGUNS PROBLEMAS DA FAMÍLIA NOS DIAS DE GLOBALIZAÇÃO EXPLÍCITA

CAPÍTULO 1
A REALIDADE DA FAMÍLIA ATUAL

Sem medo de errar, podemos afirmar que todas as famílias têm problemas e não são poucos. O que difere umas das outras famílias é a forma de identificar, lidar, interpretar e tentar resolver essas dificuldades.

Vejamos um exemplo: em um determinado grupo familiar, quando um de seus membros quer se casar ou viver com pessoa de religião, condição socioeconômica ou raça diferente, essa escolha é assimilada com facilidade e até naturalidade.

Mas em outros grupos mais ortodoxos, essa decisão pode levar as relações familiares a um nível tão insuportável, que a relação familiar se torna obsessiva e doentia em todos os sentidos, podendo levar alguns de seus membros a adoecerem e até a morrerem de desgosto.

Outro exemplo: há uma família "lotada de duas caras", aparentemente bem estruturada e que tem tudo o que as outras gostariam de ter, estabilidade financeira, ótimo conceito social e bom padrão de vida. Uma família de "vencedores" até que um de seus componentes resolve assumir sua condição de transexual. Daí em diante, o "circo pega fogo", alguns se deprimem, outros têm crises de histeria, outros tentam o suicídio, de forma inconsciente ou até de forma ativa.

Outra situação é a da filha solteira grávida, uma "bomba atômica" que detona a paz, a tranquilidade ou o sucesso de famílias de "moralistas", mas cheios de amantes daqui e dali. É o caos, pois, segundo a voz do povo, com tantos recursos para evitar uma gravidez, engravidar é sinônimo de burrice ou ignorância.

Uma gravidez sem o amparo do casamento fere o orgulho dessa família. E ainda terão de solucionar uma dúvida cruel: ela deve se casar ou não? Ou pior: decidir entre abortar ou não para não manchar a honra da família.

CAPÍTULO 2
QUE TIPO DE FAMÍLIA PRECISA DE REENGENHARIA?

Será que até mesmo uma família feliz, bem estruturada, bem-sucedida, "certinha", em que ninguém dá problema para ninguém, precisa de reestruturação?

Acreditar nesse tipo de família sem problemas é como acreditar em conto de fadas, não existe. Vivemos muitas situações ao mesmo tempo e torna-se impossível esconder quem somos e o que rola na nossa intimidade o tempo todo. E, quando menos se espera, as máscaras começam a cair cada vez mais rápido.

Na atualidade, é comum encontrar pessoas de uma família que têm tudo para se sentirem felizes e realizadas, mas que, de repente, tornam-se depressivas e insatisfeitas sem motivos, ou até com motivos, pois problemas reais podem surgir, como a descoberta de que um filho se tornou drogadito ou que abandonou os estudos quase ao final do curso, um marido que pediu a separação ou que abandonou o lar aparentemente sem mais nem menos.

A verdade é que fomos e somos treinados a viver em um mundo ilusório, de aparências, e mesmo as relações familiares costumam ter pouca profundidade, limitando-se a uma convivência superficial.

É preciso ter cuidado, pois a época em que vivemos não comporta mais a superficialidade. Numa sociedade globalizada e confinada, a pressão para mudar é real, concreta, intermitente e multiforme. O momento atual da Terra é de instabilidade, e é difícil encarar a inconstância com bom humor, pois a falta de controle sobre os fatos e as expectativas acende o medo, que alimenta a ansiedade, e as pessoas, quando perdem o controle sobre a ansiedade, cometem toda sorte de desatinos.

Quem não se atualizar, quem não se adequar a todo momento com criatividade e flexibilidade, ficará para trás. Um dos desafios é que falta criatividade e flexibilidade para a maioria, esse é o motivo de haver tantos ansiosos a infernizarem a própria vida e a dos que convivem com eles.

As "coisas" estão andando do jeito que você queria?

Num primeiro momento, pode até achar que não tem problemas.

As pessoas-problema são exatamente as que acham que não os têm.

Quando um grupo familiar ou profissional programa uma reunião para debater dificuldades e encontrar uma maneira de resolvê-las, as pessoas que não comparecem são exatamente as próprias causadoras de conflitos. Numa reunião de pais de uma escola, os que sempre faltam são exatamente os pais-problema de filhos-problema.

Mas durante quanto tempo não teremos problemas em nossa vida?

Ou você é daqueles que pensa que, se está tudo bem com você, os outros é que se cuidem? E que os seus problemas são somente aqueles que considera como seus, que suas escolhas não afetam os outros? Reflita melhor, pois pensar assim é um grave erro.

2.1. Pausa para reflexão 2: Anote

- Seus atuais conceitos de problemas e de pessoas-problema.
- Faça uma relação do que você considera suas perturbações familiares no momento, das pessoas-problema da sua família e do que identifica nelas de complicado.
- Como será que você é visto pelas outras pessoas?
- Anote como imagina que elas o veem.

CAPÍTULO 3
ESTUDO DOS PROBLEMAS

Antes de continuarmos nossa relação interativa, é preciso que conceituemos algumas definições, apenas para tentarmos uniformizar o que seja um problema para nós, pois eles podem também ser soluções ou lições a nos ensinar, embora muitos deles sejam comuns como perturbações e soluções.

3.1. O que são problemas?

Repetimos tantas vezes a palavra problema, que se faz necessário, inicialmente, conceituar o que seja. Utilizemos uma das definições do dicionário: questões de difícil resolução, assunto controverso, tudo que é difícil de explicar, tratar, lidar, entre outros.

Para nosso estudo, adotaremos, algumas vezes, outros sinônimos de problema, para que o termo não fique muito repetido em uma frase ou parágrafo. *Vamos agregar à palavra problema o conceito espaço e tempo[4] da relatividade, o que pode criar o conceito de quase problema ou até mesmo uma solução.*

No dia a dia, vivemos o imediato, e isso gera o impulso de percebermos determinadas situações como embaraços. Se nossa visão de mundo fosse mais abrangente, capaz de aglutinar, num mesmo momento, o passado, o presente e o futuro, a mesma situação poderia ser vista e sentida como a solução necessária.

---

[4] É a realidade em que vivemos, submetida ao espaço que ocupamos nessa dimensão da vida e ao tempo que a rege.

Situações que hoje parecem injustas são a exata aplicação da justiça, ou lei de causa e efeito.

Sem retroceder muito no tempo, analisemos a situação de uma pessoa que se queixa de que não tem sorte nas suas relações afetivas, pois todas as pessoas se vão. Ela se esquece de que, ao longo da evolução, em outras existências e na sua juventude, cultivou o hábito de seduzir pessoas, achando-se o máximo com essa atitude, e de descartá-las quando se apaixonavam por ela. Sua dificuldade atual nada mais é do que a solução para que aprenda a respeitar os sentimentos dos outros. Ter as pessoas saindo de sua vida foi a solução encontrada pelo destino para educá-la.

Dificuldades e sofrimento provocam indagações. Vamos criar algumas dúvidas referentes a eles e tentar equacioná-las.

3.1.1. Qual a diferença entre problema real e fictício?

Vejamos. Duas pessoas estão com complicações financeiras, sem dinheiro para adquirir alguma coisa de que necessitam. Uma delas precisa trocar o carro velho por um mais novo. A outra precisa pagar uma dívida e está sendo ameaçada. Desesperada, ela rouba para quitar a dívida, mas é pega em flagrante e vai presa.

O aperto da primeira pessoa é uma quase dificuldade, pois a situação pode ser adiada, e ela tem a possibilidade de cuidar melhor do carro velho. Já o da segunda é palpável, porque o fato de estar sem dinheiro para quitar a dívida tornou-se uma crise real, afinal, além de estar sob ameaça, o acontecimento gerou efeitos: ela perdeu a liberdade, indo para a cadeia.

3.1.2. Pode haver algum tipo de relação entre um problema físico e um psicológico?

Sim e não, depende da interpretação que se dê à situação. Por exemplo, duas pessoas não têm um dos braços, limitação física que pode gerar um transtorno psicológico, dependendo da forma que a pessoa racionaliza o fato. A maneira de interpretar uma condição faz a diferença e determina atitudes e condutas diferentes.

Para uma delas o fato de não ter um dos braços é uma questão insolúvel que gera uma sensação de não aceitação e de sofrimento.

No entanto, a outra pessoa encara a situação como uma oportunidade capaz de ajudá-la a desenvolver a força de vontade para superar-se.

Reagir de uma forma ou de outra não é nem melhor nem pior, pois uma situação psicológica deve ser entendida como uma circunstância num dado momento.

Já a situação de vida é mais constante e persistente que a circunstância do momento psicológico, pois este pode ser modificado com mais facilidade. *Cada pessoa, num determinado momento, age e reage da forma que é a melhor possível para si na circunstância em que se encontra.*

A situação de vida faz parte desse contexto e influencia o comportamento, mesmo que isso não seja percebido.

3.1.3. Existem problemas sem solução?

Um problema é algo dinâmico, e não estático no espaço e tempo. Para uma mesma pessoa, no presente, é uma complicação, mas, daqui a pouco, de acordo com novos valores e conceitos, pode não ser mais.

3.1.4. É possível medir, quantificar problemas? O que seriam os maiores e os menores?

Os maiores seriam aqueles para os quais a maioria não consegue identificar soluções, já os menores seriam os que a solução já é possível e até fácil de ser encontrada.

3.1.5. O que seria um problema paradoxo?

É aquele que uma pessoa pode interpretar como solução, e outra simplesmente interpretar como uma lição a ser aprendida. Há os casos daqueles que são um auxílio por carregarem em si um recado positivo de transformação do pensar, sentir e agir. No caso das enfermidades, esse fator educacional também está presente, pois é sempre um mal menor (doença) evitando um mal maior (falhas de comportamento).

O problema, algumas vezes, é uma distração, que também pode ser exemplificado pela doença. Num determinado momento de suas vidas, algumas pessoas estão sendo tão "daninhas" aos próprios interesses evolutivos e aos das outras pessoas que a cercam, que a natureza lhes "arruma" uma doença para que se distraiam. Observe quantas pessoas conhece cuja vida não lhes serve para quase mais nada, exceto correr atrás de médicos, de exames etc.

3.1.6. Qual a diferença entre as consequências de um problema real e de um imaginário?

Nesse caso, também é a interpretação que vale, mas as consequências independem se ele é concreto ou não. Alguém está com fome, isso é um fato concreto que causa dor no estômago, que só desaparece quando a pessoa come.

No entanto, se uma pessoa achar ou presumir que está sendo traída e estiver com o orgulho ferido, poderá se tornar infeliz, doente ou apresentar insônia, tanto faz que esteja ou não sendo traída, pois já sofre o "fato", seja ele real ou não.

3.1.7. Que diferença a mudança do conceito de problema para lição pode trazer na qualidade de vida da pessoa?

Pode fazer toda a diferença entre sentir-se confortável ou desconfortável. Observemos a polaridade entre razão e emoção.

Se colocamos o rótulo de embaraço ou de dificuldade numa determinada situação, podemos interpretá-la segundo o enfoque em que predomina a emoção em vez da razão, e o medo pode tomar conta. Isso pode retardar a solução ou complicar a situação, pois, quando dominados pela emoção, agimos segundo um padrão de impulsos predeterminados.

Ao considerarmos o problema como uma lição a ser aprendida, normalmente a razão assume o comando, o que permite uma nova interpretação da ocorrência e o controle das emoções, o que pode facilitar o êxito ou a resolução.

3.1.8. Aceitação e consolo resolvem problemas?

Sim e não. Podem ajudar nos casos que envolvem o "estado de alma", como resignação ou revolta. Por exemplo, a pessoa foi assaltada e levaram coisas materiais importantes, mas ela não sofreu agressão; isso pode servir como consolo até que elabore a situação com raciocínio. Quando se trata de situação de vida mais permanente, é um processo mais lento. Por exemplo, num acidente, a pessoa ficou paraplégica: o consolo de continuar viva é muito mais complexo. Os problemas podem ser atenuados, tornando-se mais suportáveis. Sempre é possível em ambos os casos.

3.1.9. Problema implica em sofrimento?

Relativamente, pois depende do momento psicológico do indivíduo e da interpretação que lhe seja dada.

3.1.10. Pausa para reflexão 3: Anote

- Qual conceito de problema costuma usar na interpretação das ocorrências do seu dia a dia? Esse conceito é seu, é interpretação sua de verdade, ou são conceitos copiados de outras pessoas?

- Verifique, no que você considera como seus problemas, o quanto eles representam sua condição de "Maria vai com as outras" ou se você é um mero seguidor de moda.

- Diante de uma determinada situação, se alguém lhe diz ou sugere que você está com uma dificuldade, seja de forma direta, seja de forma indireta, o que você faz? Acredita prontamente? Incorpora isso como uma realidade sua? Por exemplo, quando assistimos ao noticiário da televisão e ouvimos que a Bolsa de Valores, não sei de que lugar, teve uma queda de pontos violenta e que a taxa de juros vai subir, essa informação é colocada como um grave desastre financeiro. Até que ponto isso influencia sua forma de sentir-se bem ou mal, triste ou depressivo, motivado para a vida ou desmotivado para viver?

- Redefina o conceito de problema. Mesmo que isso não lhe pareça muito importante neste momento, pode ser um fator decisivo entre continuar vivo ou tornar-se um morto-vivo depressivo, angustiado, ou em pânico.

- Identifique o que você rotula como seus problemas pessoais e familiares. Consegue separar uns dos outros? Se você tem embaraços, isso quer dizer que sua família também tem?

- Separe o que são seus desarranjos psicológicos íntimos do que são os da sua vida interativa.

- Consegue identificar a forma de resolvê-los? Quais podem e quais não podem ser resolvidos? E em que prazo?

- Verifique sua capacidade de aceitar cada um deles.

Não tenha preguiça de escrever. É importante registrar suas experiências de alguma forma, para poder avaliar, no futuro, o que aprendeu com elas.

Se há obstáculos, eles têm sua origem em algum lugar, em algo ou em alguém. De onde eles vêm? Esse é o assunto a seguir.

Antes de prosseguirmos, é interessante que estudemos o conceito de sofrimento: *Sofrimento é uma interpretação de determinada situação, que só existe na cabeça do ser humano.*

Animais podem apenas sentir dor física. A dor deles, por não ser alimentada pela interpretação psíquica e emocional, é um tipo de sofrer extremamente passageiro.

Uma das criações mais eficientes do candidato a ser humano, para a sua própria evolução, foi o conceito de sofrer, que depende de dois fatores:

- Em primeiro lugar, está a não aceitação do momento presente, que, num contrassenso, foi idealizado por nós mesmos no passado, diante das contrariedades geradas por tudo o que não aceitamos como limite do nosso querer. O presente é sempre a materialização das escolhas de antes, e hoje escolhemos o que se concretizará no amanhã. Isso parece birra de criança, ou não?

- Em segundo lugar, está o apego, o achar-se no direito de posse de pessoas, bens, situações, entre outros, sem que nada tenha feito para, realmente, obter qualquer mérito ou conquista. Simplesmente: é meu, sou dono. Que coisa imatura! Pois o ser humano se acha dono do que não idealizou nem criou: o planeta, as pessoas, os bens materiais, os títulos sociais; e ainda tenta tornar perene as sensações de prazer até o limite da dor. E, muitas vezes, como humanos que somos, trazemos para nós o sofrimento dos outros, uma vez que, ao cultivarmos preocupações com o foco no sofrer do outro, entramos em sintonia com ele.

3.2. Origem dos problemas

Na vida em grupo, a origem dos distúrbios do indivíduo pode estar tanto dentro quanto fora dele.

A partir da somatória das complicações individuais, criamos as coletivas, já que um indivíduo faz parte de um grupo, e este grupo faz parte de um mais extenso, e assim sucessivamente. Dependemos uns dos outros e, como consequência disso, uma vez criados os contratempos coletivos, estes passam a interferir nos indivíduos. Portanto, para que haja harmonia e todas as questões se resolvam, é necessário que cada um cumpra sua parte e ainda ajude o outro. Esse é o conceito de caridade.

Para o ser humano, todo transtorno e sofrimento pessoal derivam da preguiça de pensar, que restringe sua visão de mundo e limita seu livre-arbítrio. Viver é fazer escolhas o tempo todo, e cada uma delas está sujeita à lei de causa e efeito. Quando alguém faz uma escolha inadequada e cria uma dificuldade para si, esta se propaga aos outros membros do grupo de uma forma ou de outra, quer queiram, quer não. A natureza do ser lhe permite interpretar a situação por intermédio da inteligência e criar a possibilidade de modificar o conceito de problema para lição, atenuando a dificuldade.

Quem cria a desarmonia é obrigado a resolvê-la. Podemos mostrar caminhos uns aos outros, mas nunca executar a tarefa do outro.

Por exemplo, um indivíduo escolhe usar drogas e, para manter seu vício, comete um crime de roubo e vai preso (uso do livre-arbítrio). Criou para si uma complicação real e um transtorno para seus familiares. Dentre eles, e em virtude da ligação afetiva mãe/filho, a mãe assume a dor moral de vê-lo viver tal situação, tornando esse distúrbio psicológico num problema real de doença.

A complicação real vivida pelo filho, por estar drogado e preso, será alimentada pela culpa de ter sido o responsável pelas dificuldades e doenças que a mãe desenvolveu para si mesma.

As consequências se propagam, uma vez que o ocorrido com ele desencadeia um medo psicológico na mãe do seu melhor amigo, que passa a temer que o mesmo ocorra com seu filho, o que pode levá-la a criar uma doença também, a partir dessa pressuposição.

Além disso, para o drogado, o problema de estar preso vai lhe custar dinheiro, que poderá ser retirado da merenda escolar de uma criança, da verba para a educação, diminuindo-a, ou para a saúde da coletividade à qual o grupo envolvido pertence.

Quer queira quer não, seu ato de irresponsabilidade vai afetar a vida de muitos, gerando problemas não apenas naqueles que estão em sintonia com a mesma faixa vibratória como também a toda coletividade.

Desse exemplo, como de muitos outros, podemos deduzir a responsabilidade que o fato de ficarmos inventando problemas traz a cada um.

Sempre que uma pessoa nos disser que determinada situação criada por ela é problema unicamente dela, cabe a nós mostrar-lhe a extensão das dificuldades que afetam as pessoas à sua volta e o ambiente.

Identificar problemas e soluções depende da visão de mundo e de conhecimento. *A visão de mundo de cada um, mais ou menos ampliada, é que permite identificar a origem de cada problema, seja pessoal, familiar ou social, e encontrar as soluções.*

Usemos uma analogia do reino animal para entendermos melhor. A visão de mundo de uma águia e seu universo de percepções são bem diferentes dos de uma toupeira. A águia resolve o que podemos chamar de seus problemas de forma diversa de como a toupeira resolve os seus; isso é lógico e natural.

Se hoje fôssemos obrigados a virar bicho e tivéssemos de escolher qual deles seríamos, algumas pessoas desejariam se tornar águias, já outras escolheriam ser toupeiras. Para uma toupeira, uma chuva torrencial que inunda o buraco onde se esconde pode parecer uma dificuldade insolúvel, um verdadeiro fim do mundo; já a águia, que lá do alto tem uma melhor visão de conjunto, percebe que, pouco além de onde está a toupeira, brilha o sol. *Enxergar as verdades da vida um pouquinho além do horizonte normal pode fazer uma enorme diferença entre sentir-se feliz ou infeliz.*

Muitas pessoas que já poderiam elevar o pensamento como a águia, bater as asas da inteligência e sair do campo da tempestade de aborrecimentos preferem esconder-se nas suas tocas de toupeira, no poço das suas fixações mentais, inundando-se de preocupações...

Problemas de toupeiras são diferentes dos da águia. Responsabilidades, também.

Fugir do conhecimento que nos dá as asas da liberdade, com medo das quedas por assumir responsabilidades, é enfiar-se na toca da ignorância e não desfrutar das belezas que o mundo oferece a todos.

As dificuldades são sempre a interpretação de um conjunto de causa e seus respectivos efeitos. São desequilíbrios energéticos, dentro de um contexto de espaço e tempo, que sempre retornam ao indivíduo ou ao grupo que os gerou, para ser resolvido ou harmonizado.

Isso é justiça, ou matemática?

Os primeiros problemas pessoais e coletivos surgiram no momento em que o ser começou a pensar continuamente, a fazer escolhas e a intervir no ambiente e em si próprio, quando acionou o botão da lei de causa e efeito. *No cotidiano de nossa vida, costumamos criar o tempo todo e até inventar atribulações, pois, quando fazemos escolhas, raramente observamos se estão alinhadas às leis naturais da evolução.*

O que observamos, apenas e sempre, é se estão alinhadas aos nossos interesses do momento. Pior que isso: da mesma forma que muitos gozam na dor, outros inventam provações e sofrimentos para se sentirem amados, para que o foco da atenção dos outros se volte para eles.

3.3. Modelo energético dos problemas

Todas as criações psíquicas e emocionais materializadas são finitas, pois a matéria não é um estado definitivo, permanente, apenas é um estado temporário da energia, que é infinita. *Matéria e energia são a mesma coisa, ou seja: tudo é energia.* Inclusive nós, nossas criações mentais, nossas emoções e sensações.

Todo o universo é energia, mais condensada em alguns lugares do que em outros, e as partículas de energia têm um movimento constante. Usando um raciocínio matemático, diríamos que o universo é um conjunto maior que engloba um número infinito de conjuntos menores.

Vejamos um exemplo. Todos nós, como pessoas, somos um conjunto constituído de milhões de células, fungos, vírus, bactérias; fazemos parte de outro conjunto, que é a família e que integra o conjunto da sociedade em que vivemos, que faz parte de determinado estado, que está em um país, que pertence a um continente, que pertence à humanidade, que compõe a Terra, que está no Sistema Solar, que faz parte da Via Láctea, e assim sucessivamente.

Todos esses conjuntos humanos são transformadores de energia com determinado padrão de frequência. Os que têm um padrão de frequência semelhante se atraem enquanto os diferentes se repelem pela lei de sintonia. Podemos denominar esse processo de valência, isto é, a propriedade que um indivíduo ou um grupo possui de atrair ou de repelir outro indivíduo ou outro grupo.

Todos interagem entre si, com maior ou menor capacidade de influenciar uns aos outros, num determinado conjunto de espaço e tempo.

Como é o conjunto maior, o universo tem um padrão de frequência vibratória que tende a levar todos os outros a um processo de equilíbrio dinâmico, e não estático. Embora o que ocorra num ponto tenda a se espalhar por todo o conjunto, afetando-o, agindo da mesma maneira que "[...] um pouco de fermento que leveda a massa toda [...]"[5], como disse Jesus na sua forma de nos passar as leis Naturais da Evolução.

Tomemos como exemplo a nós mesmos, os seres humanos: somos um transformador de energias por meio do nosso pensar, sentir, agir, e criamos à nossa volta um campo energético chamado campo da aura. Quando interagimos com alguém, a interação se faz basicamente nesse campo.

A intensidade da interação e a sua natureza podem ser determinantes para criar um campo comum de influências mútuas, que tanto podem ser positivas quanto negativas. A força com que se propaga a onda de energia gerada depende da capacitação de cada ser gerador: uma criança muito agitada é capaz de influenciar quase todas as outras do grupo com sua

---

5   Gálatas 5:9.

agitação, fazendo-as ficarem agitadas também; nos dias em que ela não está presente, é visível a diferença no comportamento das outras.

A energia do pensamento é a Internet natural, pois, quando fixamos nosso pensamento em alguém, estamos enviando um *e-mail* que pode ser um pacote de energias problemáticas, como se fosse um vírus. De forma prática, quando temos um familiar doente, é preciso criar um padrão de energia de pensamentos voltados para a cura; caso contrário, somos capazes de influenciar essa pessoa de forma danosa.

3.4. Pessoas-problema

Para iniciar, devemos nos perguntar:

- Se há uma pessoa-problema, ela é considerada assim para quem? Para si mesma, para os outros ou para o funcionamento de um grupo?

- Essa pessoa se vê como um problema ou não? Já que isso faz muita diferença no final.

- Será que ela pode ser, ao mesmo tempo, um caminho e uma solução para os outros?

Quer queiramos ou não, o fato de nos sentirmos felizes ou infelizes está vinculado à felicidade ou à infelicidade dos que nos cercam. *Somos independentes e interdependentes.*

Com certeza, você já percebeu que é impossível separar seus problemas dos de sua família. Por mais alienados, magoados ou enraivecidos que estejamos com nossos familiares, os laços que nos unem não podem ser rompidos, apenas afrouxados pela soberania emocional, conquistada de forma planejada e voluntária. É nosso costume avaliar as pessoas como obstáculos para os nossos interesses, embora isso seja quase sempre negado.

Estudaremos como reformular nossa visão de pessoas com dificuldades ou causadoras de problemas.

Como tudo na vida, a família precisa se aperfeiçoar sempre, mas isso exige mudanças de conceitos e de valores, que devem ser planejadas, e não apenas improvisadas para fugir da dor e do sofrimento. *Tudo pode ser planejado.*

A vida é fantástica, pois sempre deixa um conjunto infinito de possibilidades para as escolhas que realizamos. Podemos ver as mudanças causadas por elas e perceber a expansão de tudo o que foi desencadeado. Se você desencadeou problemas, verá se expandirem as dificuldades decorrentes deles. Se iniciou conflitos, contemplará a expansão das hostilidades. Se plantou as sementes do amor, então perceberá que elas se expandem e dão frutos.

Tudo pode ser modificado. Apenas é preciso respeitar algumas determinações. Uma delas é a lei da relatividade, pois não temos a capacidade de manipular nem de dominar o tempo linear[6].

Estamos submetidos a ele tal e qual uma pessoa que se submete à trajetória de uma pedra que acabou de lançar. A imaturidade de querer subverter essa lei é uma das causas da

---

6   O tempo linear é uma sucessão contínua de eventos irrepetíveis e irreversíveis. O seu movimento é retilíneo, finito e ininterrupto. A sua trajetória é circunscrita por uma linha histórica determinada, que tem começo e fim. Como traço histórico perpétuo, o tempo linear é uma série evolutiva de fatos históricos inéditos.

ansiedade mórbida. Para compensar: somos livres no espaço tal e qual uma pessoa é livre para lançar ou não a pedra que está na sua mão.

A atenção que devemos ter é no momento de desencadear as ações, ou seja, no momento em que as coisas nascem, pois é nessa hora que se imprime a trajetória que nada nem ninguém pode mudar. Em se tratando de familiares com problemas ou causadores deles, a pedra ou a formação da família já foi lançada, e agora seus efeitos serão sentidos de forma individual e coletiva por todos os envolvidos, intermitentemente, sem volta.

Como é impossível deter os efeitos sem que se atue na causa, o que nos parece mais sensato e verdadeiro é que todas as famílias necessitam de reestruturação para melhorar a qualidade dos efeitos produzidos em cada um e no grupo. E o primeiro passo é redefinir o conceito de pessoas-problema, tanto no meio familiar quanto no contexto social.

CAPÍTULO 4
QUEM É MINHA FAMÍLIA?

A história sempre se repete porque as leis da evolução são imutáveis. Essa pergunta sempre será atual em qualquer época. Como exemplo da abrangência de sua compreensão, há apenas cem ou duzentos anos, o conceito era diferente do que temos hoje, isso é lógico. E é preciso também que fique claro que compreender por compreender não leva a nada, é preciso agir, atuar, para não criar o sofrimento.

A família dos tempos passados sofria influências e interferências diferentes das de hoje. Até o tempo corria diferente, já que ele é uma sucessão de eventos encadeados. Antes, era possível manter sob certo controle as influências externas à família e até localizá-las nas proximidades da consanguinidade. As mães podiam manter os filhos em volta da saia, mas hoje a maior parte dos condutores das famílias perdeu o controle sobre ela ou entregou-o à mídia, aos meios de comunicação e aos governantes.

4.1. A massificação da família

A excessiva preocupação com a padronização transforma as pessoas numa massa que pode ser controlada. *Isso é bom ou ruim? E o que a massificação tem a ver com a pergunta: quem é minha família?*

Vamos por partes. Em primeiro lugar, para responder se isso é bom ou ruim, analisaremos se uma doença pode ser um prêmio ou um castigo. Tudo depende do enfoque.

Examinemos um exemplo. Para um glutão ou para um compulsivo alimentar, uma gastrite ou uma úlcera podem ser de grande ajuda. Primeiro para frear a agressão ao aparelho digestivo, depois a si mesmo; além disso, ao focar a atenção no estômago, o sujeito é obrigado a perceber que esse seu órgão está doente, passando a valorizá-lo.

Se o foco de nossa atenção estiver voltado apenas para os interesses de nosso ego, a massificação da família, ou seja, perder o controle sobre ela, parece algo ruim e sofrido, dá a impressão de um retrocesso. Contudo, se observarmos pela ótica da evolução, a massificação não é nem boa nem ruim, é natural e necessária. *A massificação tem suas finalidades, e dentre elas está a rápida diluição da estratificação social*[7].

Antigamente, nascer numa determinada família ou pertencer a certa classe social podia ser sinônimo de orgulho, segurança, acesso a determinados prazeres, à educação, ao conhecimento, e até ser "dono" da vida e da morte de outras pessoas durante a existência ou até várias gerações. Migrar de uma classe social para outra só acontecia por meio de um milagre. Antigamente, a possibilidade de perder essa condição era mais remota e lenta. Já hoje, o sujeito deita rico, poderoso, e pode acordar pobre, preso ou morto.

A massificação social afetou a antiga estrutura da família e estreitou os laços da interatividade. Para os resistentes em entender a fala de Jesus, a globalização está mostrando, com todas as letras, o que significa a pergunta feita há dois mil anos: "Quem é minha mãe e meus irmãos?"[8].

---

7   Um dos aspectos da estratificação social ocorre quando as diferenças levam a um status de poder ou privilégio de alguns grupos em detrimento de outros.

8   Marcos 3:33.

Hoje, um sujeito egoísta voltado apenas para interesses seus e dos seus familiares está sendo obrigado a perceber que o bem-estar, a segurança, a saúde, e até sua vida e a dos seus, dependem do acesso das outras famílias a tudo isso.

A cada dia, mais a globalização e a interação rápida põem o egoísmo humano em evidência e obrigam as pessoas a pensarem mais nas disparidades sociais, se não pelo amor, pela dor.

Hoje, a integridade e a vida de muitas pessoas valem o que e quanto elas carregam consigo e, nessas condições, muitas delas já estão descobrindo um novo conceito de família, já se preocupando e atuando também na família do próximo.

Esse trabalho ainda é incipiente, mas é uma questão de tempo que esta realidade prepondere. A pandemia pode ser útil nessa questão, para que a mudança se torne mais ampla e estendida a toda a sociedade.

As pessoas estão descobrindo que nenhum tipo de muro ou de blindagem as deixa a salvo da lei de causa e efeito; elas começam a perceber que a violência implícita atrai a violência explícita, que ostentar riqueza entre miseráveis que lutam para sobreviver é uma violência do mesmo porte da agressão física, se não pior, que nenhum tipo de criminoso está a salvo da lei natural, não importa a cor do colarinho, ladrão é ladrão, esteja descamisado ou engravatado; assassino é assassino, seja por tirar a vida do outro, seja por tirar oportunidades de sobrevivência e de progresso, e que nenhum escapará de, primeiro, sentir na própria pele as consequências de seus atos e, mais tarde, de vivenciar o resgate, a reparação.

Tudo o que acontece hoje está nos planos da Natureza, é o momento de centrifugar crenças para depois separar.

Muitos já adotaram e patrocinam o bem-estar dos outros, a quem consideram como seus irmãos. Outros ainda permanecem na revolta e, pelo fato de não fazerem nada para mudar, sentem-se vítimas de tudo e de todos. Para esses, vale um lembrete: "nosso tribunal íntimo não cobra apenas o bem ou o mal que fizermos a nós mesmos e aos outros, mas também, e principalmente, todo o bem que deixarmos de fazer"[9].

Quantas mães, campeãs do amor-apego, passam noites e noites insones enquanto seus filhos e filhas, que foram para a noite se divertir, não retornam em segurança ao lar. Estressam-se e adoecem. Imobilizadas, preocupam-se com a integridade e com a segurança dos seus em virtude da insegurança e da violência social dos dias de hoje. Mas quase nada fazem para ampliar seus afetos, estendendo o grande amor que têm para uma família maior, a família social. Não é preciso ir longe, a qualquer momento a vida de nossos filhos pode estar sob a mira de criaturas bem próximas de nós no dia a dia, e o que fazemos por elas além de lhes dar algumas sobras? A insegurança amplia o conceito de família social. Antes, cães bravos, muros altos e armas eram suficientes para afastar os intrusos de nossa paz familiar, do "lar doce lar".

Prisioneiros do próprio egoísmo e da própria incapacidade para dar e receber amor, aumentamos o arsenal de defesa com vidros blindados, equipes de segurança, alarmes, cofres e senhas secretas. Tudo em vão.

A aceleração das experiências veio mexer nessa ferida, acionar um alarme interno para os que têm "olhos para ver e ouvidos para ouvir"[10], mostrando que é preciso ampliar nosso conceito de família. Onde não há fome, ninguém rouba e

---

9   *O livro dos espíritos*, questão 770a - Allan Kardec - Editora FEB.

10   Mateus 13:13.

mata por um prato de comida; onde não há excessos, não há violência nem mortes pela cobiça ou pela inveja.

Redefina e amplie seu conceito de família. Essa atitude pode evitar muito sofrimento ligado à interação pessoal, que pode chegar quando menos esperamos, e de várias formas. Nos dias de hoje, perceber a interdependência é vital para adquirir o status de ser humano.

Vivemos dias de definição, e nada mais será como antes. É evidente que também se faz necessário reestruturarmos nossa família para melhorar a qualidade de vida de todos do grupo familiar.

Mas só isso não serve mais para os dias de hoje, pois já é preciso que, além dessa preocupação, procuremos também fazer algo pelas outras famílias que estejam interagindo com a nossa de algum modo, além de lhes dar algumas poucas sobras.

Se a sua família parece ainda sem estrutura, observe quantas outras há até mais do que a sua. A interdependência está mais estreita a cada dia, os laços das famílias humanas estão se encurtando cada vez mais com o decorrer da pandemia e de tudo o mais.

Questionados os "antigos" conceitos de família, é fundamental revisar os valores em que se fundavam os alicerces sociais do passado, para atualizá-los e criar empatia com as gerações mais antigas quando se lembrarem, com orgulho, dos antigos valores que, segundo pensam, desapareceram.

CAPÍTULO 5
ALICERCES SOCIAIS DO PASSADO

Houve tempo em que as condições do ambiente social não desencadeavam tanta influência nos indivíduos, na família e na sociedade quanto nos incríveis dias de hoje. Antes de um julgamento apressado, de mais ou menos evolução de um tempo que de outro (como se faz com frequência), é preciso que se dê o devido desconto às gerações anteriores, pois, nos últimos cinquenta anos, a velocidade com que as transformações se processaram foram inimagináveis se comparadas a períodos precedentes da evolução humana e até aos milênios anteriores.

Mas o que é o tempo? Defina.

5.1. A disciplina

Até há pouco tempo, as famílias davam a impressão de fortes, coesas e disciplinadas, a ponto de coibir as ideias capazes de criarem mudanças aos princípios sociais preestabelecidos. É que a maioria das pessoas questionava menos, e é natural que os mais velhos de hoje rotulem os mais jovens como rebeldes, contestadores de quase tudo, desobedientes, sem valores morais, uma geração de perdidos.

Mas podemos dizer que hoje o ser humano começa a se encontrar consigo mesmo e com os outros de forma clara.

Quando os jovens rotulam os mais velhos de antiquados, não estão sendo cruéis, rebeldes, irreverentes, irresponsáveis ou maldosos, estão sendo absolutamente "verdadeiros", sem que o saibam, pois os conceitos realmente mudam muito rapidamente de uma década para outra.

A rebeldia dos jovens em relação aos valores e comportamentos dos seus pais está conosco e é relatada desde os primórdios da humanidade. *A forma como ela se manifesta é que faz a diferença.*

5.2. Valores morais

Estacionados na hipocrisia cultural, ao acordar hoje estamos mais ou menos perplexos com essa movimentação toda denominada Transição Planetária, que provoca uma necessidade de reestruturação do comportamento humano, o que gera, nos mais imaturos, os sentimentos de insegurança, estresse, medo, intranquilidade.

Num turbilhão, estamos sendo jogados de encontro a nós mesmos e aos outros. Subitamente, passamos a nos libertar de nossos antigos medos e, ao mesmo tempo, a nos soltarmos uns dos outros. *Porém, a aceleração da interatividade faz com que caiam rapidamente as máscaras da dissimulação, deixando-nos à mostra.*

5.3. Liberdade

Quanto mais se pensa, mais se exercita o livre-arbítrio, e mais livre se torna o ser humano. E, como nada ainda é perfeito, a liberdade para nós é uma contradição como tantos outros assuntos. Ansiamos por ela, mas não sabemos ainda o que fazer com ela, como usá-la de forma benéfica.

Espiritualmente falando, somos tal e qual uma criança.

Vejamos um exemplo. Quando as pessoas se liberaram do princípio de que sexo é pecado, ficaram um tanto quanto perdidas e sem referências. *Ao saírem dessa camisa de força, tenderam à permissividade, o que é absolutamente natural já que, quando retidas, as pessoas tendem a ir de um polo ao outro até atingir o ponto de equilíbrio.*

5.4. Materialismo

Como a morte não existe, é uma ilusão de conceito e dos sentidos, nada mais irracional para um ser humano do que assistir à sua própria. E não há nada mais cruel para um materialista do que assistir ao fim da era materialista e participar dela. A cada dia, filosofia e ciência parecem mais alinhadas quanto ao conceito morte, e recentes descobertas abrem novas formas de abordagem.

Ao pregar a liberação dos instintos sem o crivo da razão, em nome da liberdade sem responsabilidade, o materialismo introduz nos arquivos mentais e emocionais do ser a anarquia emotiva e o conduz à doença e à loucura, pois o esvazia dos conteúdos éticos, o que mantém o indivíduo na condição mais animalizada. Retira-lhe a perspectiva da inteligência e a busca da espiritualidade, que faz parte de sua estrutura psicológica. Daí criam-se conflitos e explodem paixões.

Essa bagunça íntima gera perturbações e ansiedades doentias como o estresse, a depressão, a angústia existencial, o medo mórbido e o pânico. A pessoa penetra no penoso labirinto da insatisfação negativa, porque, na sua intimidade, ela tem noção da medida da sua responsabilidade e dignidade. *E, quando se precipita na irresponsabilidade e na perversão, a vergonha e a culpa se instalam em seu coração, desequilibrando-lhe a vida e perturbando os que com ela convivem.*

5.5. Estabilidade

Algum tempo atrás, os estímulos capazes de gerar instabilidade no seio das famílias eram infinitamente menos intensos e em menor número. Hoje, as pessoas são estimuladas intensamente pela mídia, por meio da qual indivíduos sem o menor preparo para a vida formulam teorias sobre o comportamento humano.

Os meios de comunicação veiculam comportamentos de pessoas extravagantes que cultuam vícios e vendem seus produtos pela propaganda enganosa que estimula paixões. Esses indivíduos acham que só existe um lado da moeda na lei de causa e efeito. São pessoas que agem levianamente, ajudando a "massa" a desgastar as energias, dilapidando a vida e o tempo. E, quando a vida reage, as respostas são esmagadoras. Daí, condutores e conduzidos levantam as mãos para os Céus e, como pedintes, correm para os templos e para as igrejas.

Porém, a vida não dá a mínima para isso e se manifesta pela aplicação da lei da evolução e pelo não acatamento de seus rogos, protestos e pedidos, levando em consideração as interpretações de dor, de sofrimento e de mundo cruel que muitos fazem.

Mas as ações e os desejos projetam respostas no tempo e no espaço, em inevitável ciclo de reação.

Qualquer um que observe a aceleração de tudo o que acontece nos dias atuais, sem ser adivinho, pode afirmar que as respostas serão rápidas, agressivas, duras e sofridas, pois, no campo das paixões, as atitudes das pessoas permaneceram no modo "troglodita".

A quantidade de apelos e de informações para o consumo generalizado de tudo gera, no mínimo, intensa confusão na cabeça das pessoas, provocando as repercussões na família e criando instabilidade.

O resgate da estabilidade do ser humano e da família só virá por meio da reflexão, do uso da razão iluminada, que ordena e submete os reflexos, os instintos e as emoções. Digo iluminada porque a razão rasteira pode enganar e trair. *A única capaz de ordenar todas as conquistas evolutivas do ser humano, alinhando as atitudes às leis da evolução, é a razão lúcida apoiada na ética do amor com a participação do trabalho e do tempo.* Assim, mudam-se as causas e reformam-se os efeitos.

5.6. Honra

Antes, as pessoas podiam se dedicar a ter honra. Algumas até o faziam, pois não lhes restava nada de maior valor a conquistar na vida, uma vez que acumular valores materiais não era possível nem em sonhos. Havia tempo para sentir orgulho da palavra empenhada, para adquirir a confiança e a estima dos outros. Entretanto, muitos têm, até hoje, uma compreensão distorcida do que seja honra e do que seja seu oposto complementar, a desonra.

Boa parte das pessoas não possuem tempo de ter honra, já que conquistar a dignidade moral exige tempo e esforço e, para ter honra, não dá tempo de ostentar o que obteve a qualquer preço. Hoje, a honra das pessoas estampa-se no vestuário, no carro, no iate, nas colunas sociais, no número de conquistas amorosas.

Os pais que não dão o exemplo de honrar nem a si mesmos não têm o direito de querer que os filhos os honrem. Para os mais saudosistas, esse estado de coisas pode parecer um retrocesso, mas não é, principalmente porque, para muitos, o código de honra do passado era assentado nas aparências camufladas, quando se dizia "Faça o que falo, mas não faça o que faço".

Ao menos hoje, esse defeito já está sendo estampado na cara das pessoas, está na pele, e daí para fora é só mais um passo; quando está ainda nas entranhas, é mais difícil de ser expelido.

5.7. Respeito

Nos dias de hoje, é comum que se diga da falta de respeito dos mais jovens pelos mais velhos. É que o respeito "às antigas" nada mais era do que submissão à vontade dos outros pela força, tombando mais para o lado da elegância social.

Em muitos casos, o antigo sentimento de respeito era pura hipocrisia da boca para fora ou ainda proteção a si mesmo diante da presença de pessoa truculenta e autoritária. Mas era bem diferente pelas costas. Nada contra a elegância social, tudo que é belo deve ser cultivado. E ser respeitoso com tudo e com todos é sinônimo de boa educação pessoal e social.

Mas deixar de questionar tudo o que se discorda é insensatez, e aceitar truculência nas respostas é covardia. A cada dia, fica mais claro e definido que respeito não se pede nem se impõe. Respeito se conquista.

No contexto dessa aparente bagunça de valores sociais, é preciso que fiquemos tranquilos, pois todos os verdadeiros valores do passado vão retornar pouco a pouco, visto que nunca desapareceram, são leis naturais de evolução, matemáticas e eternas. É só aguardarmos um pouco e desenvolvermos a paciência de esperar a poeira baixar, pois tudo sempre fica melhor do que antes, a cada dia.

CAPÍTULO 6
AMOR, CASAMENTO E FAMÍLIA

Profundas transformações estão atingindo em cheio as pessoas, o que põe a descoberto seus defeitos íntimos, familiares e sociais. Antes, família era sinônimo de amor e casamento, e qualquer deslize podia ser escondido sob o tapete da hipocrisia social confinada a um pequeno grupo. Hoje, qualquer deslize pode ser colocado via satélite para a apreciação e o julgamento de milhões de pessoas, é cada vez fica mais difícil manter as aparências. Nos dias atuais, ou se é ou não se é.

Além de as pessoas serem obrigadas a se mostrar de acordo com a maior transparência dos fatos, está em curso uma conjugação de fatores que gera, na intimidade das pessoas, uma sensação de liquidação para balanço, para determinar o que se pode usufruir do momento, sem limites, antes que acabe. Isso cria e alimenta uma ansiedade doentia.

Ninguém quer parar para pensar, pois, se o fizer, o outro pode aproveitar a vida mais do que ele. Sem dúvida, isso deságua no que se chama amor e, mais dia menos dia, nas relações pessoais e familiares, o que acontece com intensidade cada vez maior. *O sentimento do amor está passando por uma profunda revisão e, consequentemente, o próprio conceito de casamento e de família.*

CAPÍTULO 7
A RECICLAGEM DO CONCEITO AMOR

A cada etapa evolutiva superada, a cada novo degrau conquistado na evolução, o sentimento do amor deve ser reciclado, atualizado, reestruturado.

Para as pessoas que se ancoraram na fase animal, com predominância dos reflexos e dos instintos, o amor é a pura e simples relação sexual proporcionada por hormônios, odores e atração energética pelo sexo oposto, de cujo ato podem nascer os filhos, que perpetuarão a espécie; para essas pessoas, o ideal seria usufruir desse amor sem crias, pois, de certa forma, já se sentem um pouco incomodados com a responsabilidade que vem com o filho e seu destino.

Os filhos significam estorvos para o egoísmo, a luxúria e o orgulho desses pais.

Algumas dessas "tribos" têm cara de ser humano, jeito de ser humano, vestem-se como tal e já apresentam o gérmen do amor materno e paterno traduzidos nos cuidados que dão aos filhos nas primeiras horas ou dias de vida; descaracterizam-se como seres humanos quando os abandonam à própria sorte e à ação de predadores.

Como já são dotados de certo grau de livre-arbítrio, nesse momento atiram a pedra do abandono que desencadeará a futura experiência deles próprios na orfandade de todos os tipos, num futuro nem tão distante.

Para os que intermedeiam na fase seguinte, o amor pode ser uma energia mais elaborada, pois já começa a brotar o desejo de pensar junto ao sentir e agir. Nesses, o gérmen do amor materno e paterno já está mais desenvolvido e a interação é mais duradoura e recíproca, estabelecendo os primórdios da educação. *Surge, nessa fase, a descoberta das sensações estimuladoras dos sentimentos no olhar enternecido, no afago e até na carícia. É o desabrochar do sentir-se responsável.*

Para os que se encontram na próxima fase, além do reforço contínuo das conquistas anteriores, soma-se o sentimento de se responsabilizar pelos mais próximos. A capacidade de discernir se refina, o livre-arbítrio aumenta, e a lei de causa e efeito começa a ser sentida em toda a sua plenitude.

Dessa fase em diante, começam, de verdade, os problemas do candidato a ser humano, já que é possível escolher, mas, em contrapartida, é obrigatório colher. Com uma mais elaborada evolução, a criatura percebe que, desgostando do que colhe, o plantio poderá ser refeito daí para frente, mudando-se as consequências.

Começam a se formar os grupos em sintonia pelo tipo de amor já alcançado, criando as tribos em rede. Uns decidem progredir e outros, estacionar.

Muitos se encontram nessa fase intermediária entre o modo "troglodita" e o ser humano; neste, já se pensa mais, portanto já há reavaliação das escolhas e dos atos, seja consciente, energética ou inconscientemente. Dessa vivência, nasceu o sentimento de culpa que tanto nos inferniza, alimentado pela ajuda de algumas crenças que querem vender aos outros a paz íntima, como se isso fosse possível.

Naquele que não tem conhecimento para se responsabilizar pelas suas ações, o sentimento do amor não se torna pleno; nele, predominam os interesses somados aos instintos ainda pervertidos que permanecem em muitos.

Desde os primórdios e numa velocidade cada vez maior, formaram-se grupos sociais em sintonia com o tipo de "sentimento de amor" já conquistado.

No caso dos que decidem estacionar nesse desenvolvimento, o foco primordial está nas sensações, o que gera um risco de atraso pessoal e coletivo, como nos mostra a mídia da atualidade ao estampar os desvios do tipo amor-paixão, amor-apego, amor-posse.

Devido a isso e durante algum tempo, as relações familiares necessitavam, e ainda necessitam, do casamento documentado e legalizado para manutenção do equilíbrio social.

CAPÍTULO 8
REVISÃO DO CONCEITO DE FAMÍLIA E DE CASAMENTO

A situação atual de vida, acrescida ao confinamento provocado pela pandemia, leva-nos a uma revisão do conceito de família e de casamento. Nesta fase da evolução humana, em se tratando da família e do casamento, o que mais se escuta é: o amor acabou. Isso não deixa de ser mais um engano de interpretação que cometemos. *Não se pode perder o que não se tem, nem pode acabar o que ainda não existe.*

Isso pode parecer poético, um jogo de palavras, mas é uma verdade. O amor não acabou, está apenas começando. O velho conceito de amor, montado sob velhos padrões, está começando a ceder lugar ao novo amor, assentado em bases de eternas leis. O sentimento do verdadeiro amor é pleno de equilíbrio entre o instinto, a razão e a emoção e, é claro, precisa de tempo para se concretizar em atitudes. A instabilidade dos dias de hoje é o que conduz ao engano, à análise apressada, pois as tendências ainda estão muito misturadas.

Como pode alguém que nunca desenvolveu e sentiu o verdadeiro amor afirmar que ele acabou? Questione-se e reflita:

8.1. Quase tudo o que se refere ao conceito de amor ainda é interesse

Dizem os pais pseudossábios: "Minha filha, meu filho, procurem um "bom partido", deem o golpe do baú, porque essa coisa de amor é uma besteira que passa logo! O que vale mesmo é grana no bolso, é conforto!". Parece que eles estão cobertos de razão, pois as pessoas usam umas às outras, como sempre foi no passado, só que de uma forma velada, camuflada.

Hoje, o ser humano está perdendo de vez a vergonha, e um já explora o outro na "cara dura". E isso é muito bom, é ótimo, pois permite novas escolhas, mais rápidas e menos traumáticas, assim a humanidade vai se livrando do problema da obsessão espiritual demorada e estagnada.

8.2. O amor livre é a degradação dos costumes e da decência

Ao longo dos milênios, a prática do aprendizado do amor, mesmo que seja o considerado ainda amor-sexo, sempre foi vivida segundo o livre-arbítrio e, como todas as escolhas, essa também está sujeita à sintonia e ao retorno; quando em desacordo com as leis da moral cósmica, materializa-se nas Doenças Sexualmente Transmissíveis — DST.

O denominado "amor livre" foi confundido com a ânsia de tentar gozar perenemente as sensações que o ato sexual proporciona, tentando torná-lo contínuo a qualquer preço, sem pensar no outro, na felicidade ou infelicidade dele, agindo de forma egoísta.

8.3. O casamento acabou, para que casar?

"Meu filho, minha filha, não cometam essa besteira, pois casar hoje em dia não segura marido nem mulher e, o que é pior, também os filhos não seguram mais os casamentos. Na atualidade, casa-se e separa-se como se troca de roupa." Nesse tipo de interpretação, carregada de insatisfação, está o erro. *O ser humano não está retrocedendo; está apenas mostrando, descaradamente, sua natureza atual, deixando à mostra sua intimidade.*

Vários fatores contribuem para aumentar o "casa e descasa" em larga escala, vejamos alguns deles:

- O principal e mais importante é a imaturidade. As condições de instabilidade e de insegurança do momento criam nas pessoas uma ânsia de aproveitar o que acham que a vida tem a oferecer de prazeroso e, como são imaturas, a convivência é sempre difícil e dolorosa. Passada a fase de romance, uns sempre colocam a responsabilidade nos outros pela sua insatisfação, pela situação em que se encontra sua vida e pela própria incompetência em ser feliz e realizado.

- Um dos motivos para que isso aconteça é o fato de não se darem tempo para compreender nem para aceitar o outro como ele é. Antes, segundo os antigos padrões, uma mulher descasada era malvista socialmente, mas a globalização aumentou o número de descasados e banalizou a situação.

- Outro fator que contribui para o aumento do "casa e descasa" é sociocultural. O conceito de amor e de vida conjugal é muito romanceado na sociedade, principalmente pela mídia. Planta-se, na cabeça das crianças e dos jovens, a ideia daquela maravilhosa e eterna felicidade da vida a dois. Porém, o dia a dia de dois imaturos, egoístas e despreparados mostra exatamente o contrário, levando-os à angústia, à sensação de fracasso, de falta de competência, e criando a irritabilidade, a depressão e até á doença física.

- Um sempre espera do outro o que ele ainda não tem para oferecer fora do momento da relação sexual, ou até antes e durante a convivência; o diálogo e o entendimento mútuo não existem e, o que é pior, um espera do outro o que ele mesmo não oferece. Todos querem receber sem a contrapartida de dar. Fazem questão de ignorar a lei de retorno, que afirma: "é dando que se recebe".

A rapidez das experiências se tornou um treinamento intensivo de relações humanas mais claras e corretas.

A aceleração fez com que as pessoas perdessem parte de suas defesas psicológicas, deixando mais à mostra suas verdades íntimas. Isso as obriga a perceberem a natureza das interações pessoais recíprocas e da vida em grupo de forma rápida.

As experiências estão aceleradas, o que intensifica a oportunidade de nos defrontarmos conosco, facilitando o autoconhecimento, que tanto pode conduzir ao amor respeitoso a nós mesmos quanto acelerar o egocentrismo.

Essa dualidade pode trazer problemas íntimos e de relações, embora, ao mesmo tempo, possa encaminhar para soluções, pois, quando nos saturamos de egoísmo, sentimo-nos insatisfeitos com os efeitos que ele gera e buscamos alívio e conforto na solidariedade. Como diz o ditado, "se não vai pelo amor, vai pela dor". É urgente a realização do autoconhecimento é urgente, necessária, e pode ser feita de graça ao criarmos o diálogo harmonioso e sem cobranças conosco e entre os membros da família, alcançando resultado muito semelhante a uma terapia de grupo.

Com a necessidade do confinamento da atual pandemia da Covid-19 e com as devidas ressalvas, a cada dia está mais fácil engajar as pessoas para trabalhar em prol do grupo familiar, pois hoje, quer queira quer não, cada membro de uma família está sendo empurrado, pelas dificuldades e pela sensação de solidão, para uma maior aceitação de si mesmo e dos que convivem com ele, como um todo, nos campos emotivo, intelectual e físico.

"A degradação da família é de responsabilidade maior das mulheres que estão perdendo a velha vergonha" - dizem os machistas de plantão.

Numa sociedade ainda machista, de vítima a mulher se torna ré, pois ela é considerada culpada pela sexualidade explícita. O problema se resume à hipocrisia de uma sociedade em que o macho ainda é o dono do poder.

Um dia, que não deve demorar, tudo estará melhor, porque o que se banaliza termina por se esgotar e perder o poder de atração. A muitos pode parecer que ainda não, mas as mudanças para melhor estão em franca aceleração.

CAPÍTULO 9
A SEPARAÇÃO E O DIVÓRCIO

O momento atual colocou em evidência a separação e o divórcio. "Meu Deus, o que devo ter feito para aguentar essas 'malas' que me acompanham e que tenho que 'carregar'? Chega, desisto!". Não importa se é marido, mulher, filho, filha, pai, mãe, quantas vezes já pensou em ir embora de casa ou se sentiu a vítima?

9.1. O abandono, a separação, é bom ou ruim?

O fim de uma relação conjugal não é bom nem ruim. Às vezes, dependendo da situação, é apenas necessário para evitar um mal maior, que precisaria de correção futura mais penosa e demorada.

O estado de saúde pessoal e social é o amor entre todas as criaturas que compõem a humanidade. A vida em família é um curso intensivo de aprendizado desse amor.

Aqueles a quem buscamos ou que a vida colocou à nossa frente como familiares fazem parte da nossa tarefa de aprender a amar a todos. Neste mundo de polaridades, a fronteira entre o amor e o ódio é indefinida. Ir do amor ao ódio funciona como um pêndulo. Se estamos polarizados num extremo, como no amor-paixão, logo tendemos a ir ao outro extremo, que é o ódio-paixão.

Para nós, a calibragem desse movimento pendular deve ser feita pela inteligência e pela reflexão, o que muitos não gostam nem querem fazer, deixando-se sempre levar segundo os interesses mais imediatos. Muitos relacionamentos em decadência podem deixar profundas sequelas quando polarizados no extremo do ódio. Portanto, um descanso, uma folga, por meio da separação, é vital para recomeçar a tarefa interrompida.

9.2. Se a separação for inevitável, como tirar proveito dela?

É necessário parar para pensar e identificar as causas da separação sem julgamentos sobre quem está certo e quem está errado, pois não adianta buscar a responsabilidade nos outros. As perguntas devem ser:

- Onde eu errei?
- Será que fiz tudo o que poderia ser feito?
- Quais são meus defeitos de caráter que mais contribuíram para apressar a separação?

Para que se tire proveito de um erro, é preciso atenção e humildade para reformar nossa intimidade, caso contrário, como no caso da doença que sempre retorna, quem abandona uma vez é capaz de abandonar várias outras, de ter suas recaídas e de terminar a vida só e infeliz, até recomeçar a tarefa tendo de aprender a um dia, em algum lugar, amar essas mesmas criaturas. A oportunidade de reparar tarda, mas não falta!

9.3. Deixei todos amparados, não vai lhes faltar nada!

É melhor, logicamente, uma boa pensão do que pensão nenhuma, mas não basta ser capaz de pagar pensões e mesadas, tem coisas que não podem ser compradas. Viver com uma rica pensão é como estar internado em um rico hospital sem perspectivas de cura ou de alívio. Vejamos seriamente:

- Será que é possível comprar o alívio da dor do abandono, do não se sentir amado, aceito, compreendido?

- Esse antídoto pode ser vendido por algum mago da psicologia ou da psiquiatria?

- Um remédio pode resolver o problema evolutivo e existencial de todos nós?

- Pensões e mesadas pagas em dia resolverão as cicatrizes do abandono na alma?

9.4. Pare, pense e responda

Nunca se esqueça da lei de sintonia; não adianta tentar fugir, pois a vida o encontrará, é só questão de tempo. Você abandonou, traiu, feriu os sentimentos de outros? Impossível fugir de experimentar a dor da traição, do abandono e do desamor para saber como ée não errar mais. e. A oportunidade de aprender lhe chegará mais dia menos dia sob a forma de dolorosas experiências, para ajudá-lo a perceber que você não é dono de nada nem de ninguém, a não ser de seu próprio destino, e que ele está irremediavelmente ligado ao de outras pessoas.

Como corrigir? Ame, ampare, socorra e confie na natureza, pois a vida lhe oferecerá o que precisa.

9.5. O abandono, a separação e a inter-relação

"Estou cheia do meu marido!". "Não aguento mais a minha mulher!". "Quero me libertar, ir embora!" "Quero ver esse(a) cretino(a) ou os ingratos dos meus filhos se virarem sozinhos!".

A separação ou ruptura sempre reflete uma situação de insatisfação mútua ou unilateral, mas ignorar a lei do amor é o maior dos enganos do ser humano. Só nos libertamos uns dos outros através dele. Certa vez, ouvi uma frase fabulosa: "Quer se livrar da sua sogra? É muito simples: ame-a!".

Estaremos atados, pela dor, àqueles a quem não aprendermos a amar, nos apertados laços de família.

9.6. Abandono e insatisfação sempre andam juntos

Não estar satisfeito é a mola mestra da evolução humana, devemos estar sempre insatisfeitos, buscando incessantemente mais e o melhor para progredir.

Há dois tipos de insatisfação: a positiva e a negativa.

A positiva é aquela baseada na valorização e na gratidão a tudo o que já se conquistou e conseguiu. É uma qualidade para verdadeiros seres humanos, não é para qualquer um, não. Ainda assim, é rara.

A insatisfação negativa é mais habitual, pois nela o que já se conquistou é desvalorizado e, não raro, até desprezado. É uma típica atitude de pessoas imaturas. Aí vão algumas ilustrações do dia a dia:

- Poucos valorizam a saúde sem ficar doente.

- Raros valorizam o emprego sem ficar desempregado.

- Quase ninguém valoriza as pessoas que estão ao seu lado enquanto elas não se enchem e vão embora.

- Alguns filhos só valorizam os pais na hora de sua morte.

- Outro agente formador da insatisfação negativa é a busca do resultado imediato nos objetivos.

- A maioria só vive com objetivos de curto prazo, por não saber quem é e para que serve ou vive.

- Numa situação de desmanche familiar, uma coisa que nunca falta é a insatisfação negativa.

CAPÍTULO 10
TIPOS DE SEPARAÇÃO

A separação em si já é um problema, ou uma solução, em boa parte dos casos temporária, pois o problema maior é *como* e *em que condições* ela acontece.

Estudemos algumas das possíveis situações. *Quem decidiu e como foi tomada a decisão da separação:*

10.1. A motivação

Muitos são os motivos que levam à separação. E destacamos tanto para o homem quanto para a mulher que abandonam a família:

- O motivo principal reside na ignorância das leis naturais da evolução e das razões da vida em família.

- Poucos sabem, de verdade, por que e para que estão juntos, desconhecem a lei do amor-aprendizado.

- A cultura do amor romanceado cria expectativas de príncipes encantados e belas adormecidas, que logo viram sapos e bruxas na difícil arte de conviver.

- Depois de algum tempo vivendo juntos, a pouca maturidade faz com que o indivíduo se ache merecedor de coisa melhor, de ser feliz, de receber o carinho, o afeto e a compreensão que não oferece ao outro etc. E logo começa a ideia de ir embora.

- A falta de diálogo é um dos motivos mais importantes nos dias de hoje, pois leva a uma sensação de solidão. As apressadas pessoas da atualidade são incapazes de permutar vitórias e derrotas íntimas.

- A descoberta de tantas qualidades negativas no outro, como os vícios, faz com que as pessoas se entediem umas das outras.

10.1.1. Motivos mais comuns para o homem

- Os valores sociais e a educação contribuem para que o homem seja admirado e valorizado pelas suas conquistas amorosas. Não bastasse que alguns ainda têm muito forte a tendência de "reprodutores", distantes que estão do homem verdadeiro, devido ao predomínio de seu instinto (deturpado), ainda recebem um treinamento educativo de garanhões.

- Os recursos financeiros ainda são de capital importância. Paradoxalmente, quando sobram recursos financeiros o homem não resiste à "tentação" do assédio que ele alega ser movida por algumas mulheres.

10.1.2. Motivos mais comuns para a mulher abandonar o lar

- A mulher é mais facilmente influenciável pela cultura do amor-romance do que o homem. Ainda hoje, devido à sua maior dependência financeira e afetiva, a mulher submete-se mais à sua própria insatisfação do que o homem, mas, às vezes, as agressões verbais, morais e físicas, às quais algumas são submetidas, levam essas mulheres a enfrentarem a possibilidade de ir à luta pela sobrevivência e de se virar na vida sem depender de ninguém.

Devido à emancipação financeira de muitas mulheres, a tolerância feminina a situações de insatisfação diminuiu. Em razão da tendência a resolver situações que envolvem a afetividade, na mesma proporção que as mulheres tentam igualar-se ao homem, cresce o número daquelas que sofrem de solidão, mas, por outro lado, nos dias de hoje, muitas mulheres que vivem por si só conseguem se superar e realizar a tarefa de vida a que vieram, mesmo sem ajuda de nenhum homem específico.

10.2. Decisão unilateral

A forma mais comum de separação é a decisão unilateral ou abandono. Geralmente, só se senta para conversar depois do fato consumado, e não é raro que seja apenas na frente de um juiz; isso para quem pode arcar com os custos da legalização de uma separação.

Em países pobres, a formação das famílias ainda é muito informal, pois boa parte delas são uniões não legalizadas devido à falta de recursos, daí que, para desfazê-las, basta ir embora, sumir do mapa. Em algumas tribos, é comum que os machos deixem fêmeas e crias espalhadas em toda a parte. Outras vezes, as fêmeas abandonam suas crias, e seus machos são trocados por outros.

Quem abandona mais, o homem ou a mulher?

Pela própria estrutura cultural machista da maioria das sociedades, quase sempre é o homem quem abandona a família. Até porque, numa sociedade técnica como a atual, ele é quem controla as finanças, em teoria.

10.3. Separação em comum acordo

Alguns casais chegam à conclusão de que é melhor se separar. Porém, concordar não significa aceitar sem deixar marcas, é questão de raciocínio lógico nem sempre referendado pelo coração. Qualquer tipo de separação deixa sequelas de dor moral, que se tornam maiores quando a decisão de separar foi precipitada e, às vezes, o arrependimento costuma ser um dos efeitos colaterais da separação-remédio, aquela em que se faz um mal menor para evitar um mal maior a longo prazo, pois nem sempre é possível voltar atrás. As cicatrizes deixadas por uma separação costumam ser profundas, tanto maiores quanto maior e mais intenso tenha sido o amor-paixão, tanto faz se essa separação foi legalizada ou não.

10.4. Efeitos da separação

Devido ao tipo de interação humana que acontece na relação familiar, a separação ou ruptura do relacionamento costuma deixar marcas em todos os componentes de forma proporcional ao tipo de personalidade e de caráter dos envolvidos. É lógico e natural que façam julgamentos das razões da separação, pois os responsáveis externos da separação são sempre buscados. É difícil admitir uma separação como o fim de uma relação que se esgotou pela sua própria falta de consistência ou de aprendizado. Devido a pouca maturidade dos envolvidos, é comum que, ao menos numa primeira fase, encontre-se o culpado no outro, naquele considerado adversário no momento. Também é natural que se formem grupos de adversários entre todo o grupo familiar e nas relações dos familiares, uns estão a favor, outros contrários, e outros ainda atuam ou sonham em manter o grupo unido.

As sequelas surgem gradualmente e dependem também da forma como a separação está se concretizando, se em etapas ou de forma súbita, drástica. Quando a separação vem ocorrendo gota a gota, as sequelas se diluem nas somatizações do dia a dia.

Nos casos de agressão física, a fase inicial das sequelas consiste de dor moral, que logo chega ao corpo físico e, às vezes, leva à morte direta ou a um tipo de suicídio inconsciente, como uma autoflagelação. A separação é como um duelo, do qual os dois oponentes sairão mais ou menos feridos, e ainda vai sobrar "bala" para quem estiver em torno.

10.5. Separação em etapas

Os principais fatores de separação a longo prazo são as controvérsias cotidianas geradas pelas diferenças de hábitos, temperamentos opostos: marido agressivo; esposa sensível; uma característica de um que faz com que a oposta do outro fique em evidência.

Controvérsias não existem para serem resolvidas, e sim para serem aceitas como o ponto de vista do outro, sem imposições, e isso a maioria das pessoas não percebe. No caso da relação familiar, seria tedioso e sem sentido que as pessoas concordassem em tudo. Conflitos existem para que se possa aprender algo de importante com eles. Quando um casal afirma que desfez a maior parte de suas desavenças, mas não deixa claro o que cada um aprendeu com elas, em breve estarão separados.

O rompimento afetivo acontece pela somatória de pequenas crises que, muitas vezes, os parceiros fingem ignorar. As consequências se instalam, de forma gradativa, pelo aparecimento da mágoa, do ressentimento e dos sentimentos afins. Quando concretizada a separação, esses sentimentos podem ser somatizados, ocorrendo crises súbitas das doenças já em andamento.

Às vezes, um ou os dois parceiros conseguem adoecer como forma de se posicionar como vítima do outro. Observe, leitor, como as pessoas usam a chantagem emocional de forma alternada. Esse tipo de carente costuma melhorar, e muito, a sua saúde quando a separação acontece.

Depois de concretizada e assimilada a ruptura, por não haver mais a necessidade de fazer o papel de vítima e por desanuviar o campo energético de seus pensamentos de raiva, mágoa e ódio, a saúde física e mental dos envolvidos melhora consideravelmente, e eles se sentem como renascidos, e alguns até se recriminam e costumam dizer que não sabem por que ainda não tinham se separado.

As consequências da separação conjugal nas pessoas são tão diferenciadas quanto:

- As características da personalidade, da educação, do caráter, da maturidade, bem como da evolução pessoal.

- A polaridade sexual, uma vez que mulher e homem sofrem efeitos um pouco diferentes. Nos filhos, as consequências dependem tanto do sexo quanto da idade em que ocorreu a separação.

- O tipo de cultura e os fatores socioeconômicos. Exemplo: quanto mais riquezas a serem divididas mais animosidade pode ser gerada.

- O tipo de sistema de crenças que tenham. A visão de mundo de *por que* e *para que* se vive pode servir como atenuante e consolo para alguns dos envolvidos ou como agravante da sensação posterior de se sentir responsável.

- O esgotamento da capacidade de cada um em manter o autoengano, jogando a responsabilidade da sua falta de felicidade nos ombros da outra parte.

- A intensidade com que os membros dependam uns dos outros em suas afeições e o apego de uns para com os outros.

- A idade dos indivíduos, o tempo em que ocorreu a separação e as perspectivas futuras de vida afetiva, emocional e socioeconômica para cada uma das partes.

- As sequelas nos familiares também podem ser catalogadas como de curto, médio e longo prazo:

- As de curto prazo podem ser distúrbios afetivos, psicológicos, emocionais, de comportamento, doenças de somatização e até suicídios conscientes ou inconscientes.

- As de médio prazo são as de curto prazo mais fixadas e acrescidas de algumas degenerativas como os vários tipos de câncer decorrentes do cultivo sistemático da mágoa, do ódio.

- As de longo prazo extrapolam o conceito de morte, perduram e persistem como obsessões de longa duração, até que o aprendizado do amor e as reparações necessárias retomem seu inexorável curso.

10.6. Separação súbita ou inesperada

Na realidade, não existe separação súbita nem inesperada, exceto no caso de morte acidental. A verdade é que já não havia amor, aliás nunca houve, portanto a separação moral acontece muito antes de a separação física e legal ser concretizada. O que pode ocorrer é que uma das partes realmente não tenha percebido que a relação afetiva já havia terminado, ou fingiu não perceber.

As consequências são as mesmas da separação gradual, embora alguns aspectos possam ser adicionados, como o suicídio e os quadros psicológicos de Depressão Reativa Aguda, ou até Crises de Pânico.

Os motivos mais habituais que levam a uma separação inesperada para uma das partes, pois a outra já estava separada, são:

- A paixão súbita por outra pessoa, da parte de quem resolveu se separar.

- O desfecho de um processo obsessivo segundo o conceito espiritual em andamento, um reajuste, um acerto de contas, mas não no sentido de obsessão psiquiátrica.

- O descumprimento, por uma das partes, dos votos assumidos, tais como: fidelidade, ajuda recíproca, parceria nos compromissos assumidos, entre outros.

CAPÍTULO 11
OS PROBLEMAS DO TRIÂNGULO AMOROSO

Esse é um fator comum que desencadeia a separação e, principalmente, o abandono. É a terceira pessoa que surge na vida de um casal, no cotidiano de uma família.

Embora as responsabilidades no tribunal íntimo da consciência - do qual ninguém escapa - sejam divididas proporcionalmente à qualidade de discernimento que cada um já alcançou, quase sempre o ônus maior é do terceiro elemento; e não importa a qualidade de vida emocional e afetiva dos outros envolvidos.

Esse argumento é desculpa para interesses egoístas escondidos, conforme se ouve no dia a dia: "Perdeu o marido ou a esposa porque não soube dar-lhe o que ele ou ela precisava.". "Quem ama cuida!".

Até certo ponto, essas falas não deixam de ser verdadeiras, pois quem acha e pensa que ama tem o dever de zelar e de cuidar da felicidade do objeto de seu amor, isso ninguém pode negar. No entanto, a insatisfação negativa das pessoas conduz à condição de pseudovítimas.

No fundo, é a imitação do estilingue e da vidraça: hoje se é o estilingue; amanhã, a vidraça. Hoje, você quebra, mas amanhã será quebrado. Depois, levamos uma eternidade para juntar os cacos, exatamente o que fazemos hoje com nossas relações familiares e interpessoais. Pois, ao longo da evolução, todos já fomos e somos tanto vidraças quanto estilingues, até que nos capacitemos a amar de fato, e que nossa soberana vontade decida terminar esse círculo vicioso.

Para aqueles que já se consideram mais espiritualizados que os outros ou pensam que têm uma compreensão maior da vida e de suas leis, aqui vai um recado: se estamos vivendo uma situação que envolve um triângulo amoroso, no qual nos sentimos a "vítima" da pessoa que sofre uma injustiça, a que nunca fez mal a ninguém, um doce de criatura que não merecia ter seu orgulho tão ferido assim, nunca nos esqueçamos da lei de causa e efeito; com certeza, os papéis no teatro da vida estavam trocados num passado talvez não muito distante.

Ontem, é quase certo que fomos o terceiro elemento que provocou sabe-se lá que tipo de dores na alma, e no físico, daquela pessoa que, no momento atual, vemos como cruel, o verdugo de nossa felicidade.

Felicidade essa que achamos merecer no momento, já que "somos um anjo de pessoa", pois nunca fizemos isto ou aquilo que possa ter prejudicado alguém.

Com o sofrimento moral atual, estilo "orgulho ferido", podemos estar resgatando o passado devedor, o que não nos exime da nossa participação no naufrágio da relação.

- Codependência gerada pelo receio de buscar novos relacionamentos quando a separação estiver concretizada.

- Medo de ser recusado ao buscar novo parceiro.

- Relativo conhecimento das diretrizes da vida, conduzindo ao desejo de transformar paixão em amor verdadeiro.

11.1. Motivos para a não separação

Pode parecer uma contradição, mas, se os casais têm motivos para se separar, devem também ter motivos para continuar juntos. E não é só por amor, já que o verdadeiro e incondicional é raro ainda entre nós. Por que, então, alguns casais permanecem juntos, às vezes, até por toda a vida? Não é por amor nem pela paixão, que é brasa que dura pouco, pois é esfriada pela convivência do dia a dia, embora, às vezes, possa ser reacendida, periodicamente.

Façamos nova parada para reflexão. Se você tem namorado(a), noivo(a), marido ou esposa, quantas vezes sentiu vontade de abandoná-lo(a), mandá-lo(a) para o "inferno" como se costuma dizer. *Com certeza, muitas vezes. E por que não o fez?*

Caso já tenha vivido isso, escreva seus motivos.

Para auxiliar nossa reflexão, relacionemos alguns dos motivos mais comuns de não separação. A base de qualquer tentativa de mudança costuma ser a insatisfação negativa. Se quero mudar, é porque estou insatisfeito. Se estou insatisfeito, por que não crio um padrão de mudanças?

Não costumo mudar por:

- Insegurança, ou temor de ficar só.
- Preguiça de buscar novos relacionamentos.
- Covardia de ser recusado ao buscar novos parceiros.
- Interesses imediatos de status social ou financeiro.
- Comodismo.
- Conhecer o conceito de carma.
- Conhecimento das diretrizes da vida e desejo de transformar paixão em amor verdadeiro.

O mais comum é o comodismo; nós nos acomodamos tanto uns aos outros, que transformamos nossas relações amorosas numa simbiose com características de quase parasitismo.

Às vezes, as relações conjugais descambam até para o vampirismo ou para a obsessão; e, mesmo na relação obsessiva, o equilíbrio ocorre pela compensação, pois os casais obsidiam e vampirizam um ao outro de forma alternada. Esse fato é facilmente observado no estudo do cotidiano de nossa vida e dos que nos cercam, sejam eles conhecidos, parentes, vizinhos ou amigos.

Não interessa quais motivos nos mantêm juntos nas relações conjugais, o que importa mesmo é transformar todos os outros motivos em aprender a amar quem a vida nos apresenta.

11.2. Problemas com a educação utilitarista

Todos os problemas pessoais e familiares de ontem e de hoje têm sua origem na falta de educação voltada para as finalidades do existir. E, provavelmente, serão uma boa parte dos de amanhã.

Adoecer ou sofrer é carência de educação para a vida.

O que as pessoas de hoje interpretam como felicidade ou sofrimento vem na razão direta de terem mais ou menos educação para o viver. Estar em sofrimento ou doença não é questão de sorte, azar ou destino, é falta de educação e de inteligência, já que uma depende da outra. Quanto mais inteligente é a pessoa mais facilmente se educa e melhores são suas escolhas, e daí mais equilibradas e prazerosas são as consequências.

Somente seres humanos podem ser educados.

O homem possui a inteligência para pensar, escolher, educar a si mesmo e os outros e trocar experiências, construindo e interpretando o próprio destino. Educação não é apenas uma questão de berço como muitos pensam.

A educação somente tem início quando começa a ser possível a autoeducação.

Quem já tem certeza de que é o arquiteto de sua própria vida, e trabalha ativamente na busca do melhor para si e para os outros, sem perder tempo com arrependimentos, reclamos, choros e petitórios às criaturas do Além; se já não acredita mais em sorte, azar e destino, principia sua caminhada como ser humano.

O homem tem a inteligência cognitiva para pensar e escolher segundo as leis da Ética Cósmica.

O que se costuma chamar de "educação de berço" é geralmente sinônimo de verniz social ou de treinamento intelectual e social nem sempre acompanhado de educação de valores baseada na Ética Cósmica, como veremos mais à frente.

11.3. Educação é liberdade

Educar-se também é se libertar do domínio de tudo, de todos e de si mesmo, e dos vícios e das necessidades. Há dependências suaves e pesadas, a escolher. E os caminhos já estão demonstrados e determinados quanto à melhor forma de suportar as consequências das dependências: com alegria ou com choro e revolta.

Para muitos, pode ainda parecer uma contradição, mas a liberdade para o ser humano também implica em integrar-se ao todo, num processo de dependência mútua.

Devemos nos preocupar apenas o suficiente para atender aos clamores da própria consciência em atuar segundo o conhecimento já adquirido.

A educação também é a base para a vida em comunidade, daí sua importância na qualidade da vida em família. Isso é o que nos interessa neste momento.

Um problema é confundir educação com informação. Informar é apenas parte de educar. Informar qualquer um informa, mas educar exige compreensão do que se faz.

A principal tarefa dos pais é ajudar o filho a educar a si mesmo para contagiar os outros com qualidade humana.

A verdadeira educação exige:

- Princípios de valores e padrões realmente humanos.

- Liberdade, pois educação não pode ser imposta; podemos unicamente orientar, afinal, cada ser está apto a assimilar tudo que seja compatível apenas com seu padrão de inteligência e vontade do momento.

- Permissão para aprender, pois educação não é apenas treinamento para a vida.

- Educar não é informar; muito menos, vender caro as informações. O pior de todos é o pseudoeducador, que informa e contrainforma segundo seus interesses do momento.

- Dar o exemplo, pois a educação não abre mão dele. Não se pode apenas dizer como fazer, é preciso mostrar como se faz. Palavras têm de entrar no ser para serem interpretadas, para reter os conceitos adequados na sua intimidade e, depois, sair por meio das ações. Sem isso, o mundo seria um desastre irremediável.

- Simplicidade, pois a educação precisa ser simples, mas muitos educadores assimilaram a tese de que educação é complicação e, mediante arapucas verbais, tentam confundir as pessoas para continuar como donos do poder da informação.

- Abertura, elemento básico da educação natural. A informação humana é que é restritiva. A educação, em todas as épocas, esteve e está à disposição de todos, porém é para quem tem olhos de ver e ouvidos de ouvir, além de inteligência para desenvolver o raciocínio e a vontade de aprender.

11.4. Para educar é preciso pensar

O grande problema humano causador de todas as nossas dificuldades é a preguiça de pensar aliada ao medo das responsabilidades inerentes à capacidade de criar.

O ser que pensa é um criador e é responsável pelo que cria. A maior parte dos que se encontram hoje na condição de pais ainda são criaturas pouco educadas, e sabem disso.

Diante dessa realidade, e para não se comprometerem, tentam terceirizar a educação dos filhos, confundindo, propositadamente, educação com instrução. Uma está contida na outra, mas o esforço unilateral de dotar os filhos apenas dos recursos necessários para que tenha uma profissão que lhes assegure independência econômica e, principalmente, que lhes assegure riqueza, fama e glória não educa, instrui.

O futuro dos filhos é visto por um prisma utilitário. Todos querem se orgulhar dos herdeiros de seu nome, tendo a falsa impressão de haver cumprido com o dever de pais, mas quase sempre sofrem dolorosamente após a descoberta de que se esqueceram da formação do caráter moral deles, de que eles não têm personalidade própria, de que são infelizes e de que infelicitam outros.

Nós fazemos de tudo para enriquecê-los com o saber dos livros e os deixamos, quase sempre, pobres de sentimentos. Isso não quer dizer que todos os pais sejam omissos quanto à educação moral de seus filhos, mas que apenas se descuidam, achando que isso não é aprendido. Honestidade, espírito de amor à justiça e ao dever precisam ser semeados para germinar, um dia. São sementes que não se perdem nunca.

O confinamento da pandemia da Covid-19 veio colocar a descoberto muitos problemas que ficaram camuflados pela forma de viver.

11.4.1. Como a educação influencia a vida na família

A Terra é um planeta escola, no qual somos alunos, e a família é o grande laboratório interativo dessa escola, pois nela permanecemos interagindo uns com os outros na maior parte do tempo.

As interações em família são contínuas e intensas, facilitando a evolução, e podem revestir-se de uma simbologia maravilhosa de céu ou de inferno, dependendo sempre da resultante da lei de causa e efeito, do momento e da maneira de interpretar as situações e os acontecimentos, e das formas de agir e reagir das pessoas com as quais se está interagindo.

Em família, cada um tem o que o outro necessita, mas não exatamente o que gostaria de estar recebendo. Por exemplo, uma mulher sem paciência casa com uma pessoa irritante ou receber como filhos espíritos agitados que vão irritá-la.

11.4.2. Situação atual da educação em família

Muitos são os fatores que contribuem para que a educação em família ainda deixe muito a desejar. O padrão de qualidade pessoal da maioria dos componentes é precário; por isso, ela está mais para um treinamento social do que para uma educação humana verdadeira.

O tipo de educação praticada hoje em família é muito perigoso e desagregador, pois inteligência desenvolvida e culta desacompanhada do senso moral constitui sério perigo para a sociedade. A confusão reinante no meio social não resulta dos analfabetos nem dos incultos. São as inteligências cultas e traquejadas, e sem moralidade, que espoliam e escravizam a maioria. Todos nós sabemos disso, mas pouco ou nada fazemos para mudar esse estado de coisas. É preciso que nos elevemos acima da vulgaridade de nossa época.

Nem todos podem ser sábios, mas todos podem ser bons, como dizem as falas populares. A sabedoria é a informação transformada em conhecimento por meio do concurso do tempo e do trabalho posto em prática, e os sábios também costumam ser bons, o que nos leva a crer que são complementares.

11.4.3. Fatores capazes de limitar a educação ética em família

- Falta de qualidade pessoal dos pais.

- Pouca maturidade psicológica.

- Adultos comportam-se como crianças pouco responsáveis e birrentas cuidando de outras em idade cronológica diferente.

- Precariedade dos objetivos existenciais.

- Nem todos atingiram a condição de se adequar ao presente. A globalização e a respectiva aceleração do tempo – que é a sucessão das experiências vividas – estão centrifugando a humanidade e pondo a descoberto nossa falta de capacidade.

- Falta de qualidade íntima.

- Predomina ainda o ser preguiçoso, orgulhoso, egoísta, oportunista, entre outras infelizes posturas humanas.

- Falta de identidade pessoal.

- Não sabemos direito quem somos e o que fazemos na vida. Permitimos ser conduzidos segundo os valores e os objetivos das gerações que nos precederam, vivemos o hoje com conceitos e valores de ontem.

- Falta de soberania emocional.

- Todos que buscam privilégios para protegerem a si ou aos seus não se sentem soberanos, confundem privilégios com direitos que, se exercidos, geram igualdade. Privilégios geram desigualdade e violência. Se somos soberanos, ninguém tem direitos sobre nós; apenas nos conectamos, interagimos livremente e amorosamente, sem freios nem amarrações.

- Predomínio do ser pouco feliz e insatisfeito.
- Ao buscarem a felicidade e a satisfação fora de si mesmas, de seus estados íntimos de consciência, as criaturas estão sempre infelizes e insatisfeitas ou felizes e satisfeitas apenas por breves momentos ou períodos. Filhos de pais insatisfeitos e infelizes aprendem a ser cruéis, insatisfeitos, infelizes e infelicitam outras pessoas.
- Falta de amor.
- O amor é o perfeito equilíbrio entre razão e emoção. Revise seu conceito de amor.
- Criaturas que não educam a si mesmas não se amam, consequentemente não amam a ninguém, nem ensinam amor. Amor também é educação, aprendizado, passo a passo, extraído das dores, das alegrias, das decepções, dos prazeres, do respeito, do interesse pelo outro.
- Assim como na economia financeira, o amor precisa circular intermitentemente, para não sufocar a economia emocional. Na educação imediatista e utilitarista de hoje, os pais induzem os filhos a poupar dinheiro para usar no futuro, porém não ensinam os filhos a poupar e a investir em afeto e amor, daí

o grande número de infelizes e mal-amados. Predominam hoje aqueles que são pobres na afetividade, angustiados, estressados, infelizes, depressivos, revoltados, doentes; criaturas em pânico sem saberem, com clareza, qual o motivo real.

- Terceirização da educação dos filhos.

- Em família, cada membro é, ao mesmo tempo, educando e educador, pois ensina e aprende, diz e faz, propõe e mostra. Entretanto, nem sempre ou quase nunca fazem o que pregam; às vezes, porque não podem; noutras, porque não querem ainda.

O educador por excelência, quando se omite e delega responsabilidades, assina uma promissória em branco para resgate futuro. O que pode acontecer, futuramente, quando se delega a educação moral dos filhos à mídia, à televisão, à servidora doméstica, à creche ou à escola?

Não se pode reclamar da colheita quando se desconhece o que foi plantado, o preparo da terra, a adubação, a qualidade das sementes.

Analisemos um exemplo:

Um lavrador, sem-terra e endividado, pediu, implorou e recebeu um pedaço de terra para cultivar e pagar suas dívidas; deslumbrado com a conquista e com a paisagem, deleita-se e contrata outro para preparar a terra, plantar e, depois, colher.

Na hora de verificar a colheita, decepciona-se ao perceber que está mais endividado. Ajoelha-se diante do seu provedor, reclama e pede. Depois, xinga e agride o serviçal contratado, chamando-o de incompetente, de relapso e de outras coisas mais.

O provedor, sendo justo, apenas manda que prepare melhor a terra, que a adube, escolha as sementes novamente e plante para que a colheita seja farta e abundante.

Vejam bem, somos interdependentes, na lavoura da vida podemos buscar ajudantes, mas devemos supervisionar todo o trabalho.

11.5. Como reformular a educação em família?

Em primeiro lugar, é preciso: pensar, amar, interagir, compartilhar, atuar.

Como começar?

Não esqueçamos o concurso do tempo.

Tudo tem sua hora e seu momento. A evolução pode ser acelerada, mas etapas não devem ser puladas, portanto eliminemos nossa ansiedade trabalhando, esperando e confiando.

Reflita: O tempo é o senhor de todas as realizações. Administrá-lo bem é planejar a vida nos mínimos detalhes.

Querer nem sempre é poder, o que nem sempre possibilita alcançar o desejado. Na qualidade das relações humanas e familiares, a diferença entre o real e o desejado é um enorme abismo que, a princípio, parece impossível de ser transposto.

Nas relações em família, é comum que uns queiram moldar os outros às suas convicções, valores e ideais de vida. Seja impondo, seja manipulando. Devido a esse fato, observamos que muitos filhos se tornam cópias malfeitas dos pais. Estes, por sua vez, tornam-se amargos, infelizes apressados e ansiosos.

Tudo na vida pode e deve ser executado com calma, amor e muito trabalho.

Nesta primeira fase do livro, analisamos alguns assuntos particulares e genéricos que afetam o cotidiano de nossa vida pessoal e familiar, que assumem uma importância relevante em razão do isolamento necessário para atenuar a pandemia da Covid-19.

Em particular a educação, que é a base de sustentação do progresso humano. É da maior importância que tudo de seu interesse tenha ficado anotado para posterior planejamento de reestruturação.

SEGUNDA PARTE

O ESTUDO DOS LAÇOS DE FAMÍLIA

CAPÍTULO 12
CONSIDERAÇÕES INICIAIS DA SEGUNDA FASE

A primeira fase de nosso bate-papo teve a finalidade de reciclar antigos conceitos e de ajudar a tomar consciência de que tudo está muito acelerado, sistemas psicológicos de ocultamento de intenções e desejos reais e a contenção de impulsos como a agressividade. A autoimagem deturpada por esses sistemas de manutenção de interesses e crenças, de repente, vão deixar de funcionar.

O que denominaram globalização, e transformou o planeta em um grande quintal, está agindo também na nossa intimidade e na vida de relações. Parece que ela funciona como uma centrífuga, separando e reagrupando as pessoas e cobrando de todos nós uma forma mais eficaz de gerenciar o mundo íntimo e a convivência.

Recordemos alguns princípios básicos que norteiam nossa busca por um melhor padrão de qualidade na vida em família.

Dentre estes conceitos:

- Conforme já coloquei anteriormente, conceituamos a Terra como um planeta escola.

- Toda escola tem um regimento interno e, no caso da Terra, são as Leis Morais que devem ser observadas.

- Não existe o conceito de perdão baseado em crer ou deixar de crer, perdão como puro e simples esquecimento do agravo ocorre somente entre os ditames das leis sociais. O perdão verdadeiro é a reparação dos desequilíbrios causados a si ou a outros; perdoar já é um dos indicadores de boa qualidade íntima.

- Nosso comportamento se assemelha ao de uma célula cancerosa egoísta que quer se desvincular do corpo-humanidade e criar para si um novo ser (um tumor), para viver isolada, segundo os próprios interesses e desejos. Na busca da cura, o interesse ao organismo constituído pela humanidade é o de que a célula (indivíduo) se reintegre, para que não seja extirpada por meio de uma cirurgia moral.

- O remédio capaz de reequilibrar a harmonia do corpo, reintegrando todas as células, é a lei do amor com o concurso do tempo e do trabalho. Buscar melhorar, ativamente, a qualidade das relações em família é praticar, com inteligência, a lei do amor.

Para efetivar ativamente essa tarefa, partimos do princípio de que nós, de alguma forma, estamos insatisfeitos com o atual padrão de qualidade das nossas relações familiares.

E já há um desejo vivo de investir nessas relações por meio do conhecimento e do amor, nem que seja para fugir da sensação de que o esforço de mudança para nos libertar dos interesses mais imediatos do nosso ego ainda seja para fugir do sentimento de dor ou de sofrimento.

Nesta segunda fase do bate-papo, a ideia central é estudar detalhadamente a relação familiar para melhorar seu padrão de qualidade. A partir da melhoria da qualidade íntima pessoal, poderemos contagiar os familiares com essa qualidade e, depois, engajá-los na busca coletiva de um melhor padrão de qualidade na vida em família, pouco a pouco.

12.1. Requisitos básicos para atingir os objetivos

- Fale menos e aja mais; mil palavras não têm o valor de uma atitude.

- Cultive exaustivamente a empatia.

- Treine continuamente o perdão.

- Respeite para ser respeitado.

- Aprenda a ouvir.

- Não queira impor ideias nem métodos.

- Evite contendas e discussões estéreis.

- Não faça a tarefa que compete ao outro.

- Não tenha como objetivo agradar as pessoas. Agradar deve ser apenas consequência de sua forma de agir.

- Cultive a própria paciência, pois a natureza não permite pular etapas. Semeie, que a colheita pode tardar, mas não falha.

12.2. Será que devo investir em mudanças?

Alguns sintomas de que algo pode e deve ser mudado na intimidade de cada um e na relação em família fazem parte de nosso dia a dia:

- Tédio.
- Insegurança.
- Ansiedade.
- Falta de motivação.
- Medo.
- Tristeza sem motivo.
- Depressão.
- Angústia.
- Fobia social.
- Timidez.
- Pânico.
- Neurastenia[11].

Se três ou mais desses sintomas estiverem presentes *por mais de três meses*, o que está esperando para iniciar o seu processo de mudança?

---

11 Neurastenia: irritação, aborrecimento, excitação, fraqueza, impertinência, irritabilidade, nervosismo.

CAPÍTULO 13
LAÇOS DE FAMÍLIA

Qualquer criatura materializada nesta dimensão da vida, seja bicho, seja ser humano, pertence a uma família, quer queira, quer não, quer goste, quer deixe de gostar, já nasceu com a participação de alguém da mesma espécie biológica. Os animais não questionam os porquês de terem nascido isso ou aquilo, aqui ou acolá, com esse ou com aquele. Nós questionamos: por que com fulano ou beltrano? Por que aqui e não ali? Por que pobre e não rico? Por que essa pessoa, e não outra?

De vez em quando, ou até inúmeras vezes, todos já nos sentimos insatisfeitos, mal-amados, desejosos de buscar outros ares, outras companhias.

Cada um de nós, ao menos um dia, ou uma vez, questionou o porquê de seus laços de família. E, nesse momento, vem à memória todas as possíveis pessoas com as quais tivemos contato ou que passaram pela nossa vida e que teriam substituído com melhor qualidade a pessoa com quem hoje nós convivemos, segundo nossa percepção da vida naquele momento. Isso quando se trata da relação afetiva a dois. No entanto, quantas crianças há e, principalmente, quantos jovens que conhecemos e com os quais temos mais afinidade do que com nossos filhos? Por que veio esse fulano como filho, e não beltrano, com quem tenho mais afinidade? Por que essa mãe? Por que esse pai? Por que esse irmão? Por que essa irmã?

Esses questionamentos são naturais, saudáveis e necessários e não devem estar associados a nenhum sentimento de culpa ou remorso.

O que importa é estudar o motivo desses questionamentos.

Quais motivos nos impulsionam a indagar nossas relações familiares ou seu padrão de qualidade?

Para quem deseja reestruturar a vida em família a fim de conseguir mais qualidade, o primeiro passo é entender que: *As relações familiares não ocorrem por mero acaso: resultam sempre de escolhas recentes ou antigas.*

13.1. A família no tempo e no espaço

Passado, presente e futuro constituem a unidade de tempo linear que se percebe e se materializa nesta dimensão da vida, no momento presente. Por quê? *A família atual foi escolhida ontem, e hoje estamos escolhendo os que constituirão nossa família que se materializará no futuro.*

A qualidade da vida em família, seja sofrida, seja prazerosa, depende sempre da forma de pensar, de sentir e de agir do momento de cada um. Quanto mais intensa for a interação, tanto com relação ao amor quanto ao ódio, maior será a probabilidade e a necessidade de estarmos novamente juntos num futuro próximo ou remoto, seja para consolidar a relação amorosa, seja para transformar ódio em amor na oficina da família.

13.2. A família e a lei de causa e efeito

A Natureza ignora o conceito de perdão baseado no puro e simples esquecimento dos erros cometidos, das lesões praticadas aos outros, bem como a compra de indulgências segundo conceitos religiosos.

O perdão dos que foram ofendidos por nós não elimina a necessidade de reparação para que uma relativa paz de consciência seja alcançada.

Paz relativa, porque, ao longo de nossa evolução, a rede de pessoas que foram afetadas por nossas decisões e escolhas inadequadas é vasta e obedece também ao efeito dominó, e até que tenhamos reparado os prejuízos causados a todos, nossa sensação de felicidade será proporcional e parcial aos nossos atos.

13.3. A família e o livre-arbítrio

O determinismo da lei de causa e efeito é flexível, e não é sempre que o ajuste e a reparação com as pessoas com as quais temos essa necessidade são urgentes ou nos acompanharão durante toda uma existência.

Muitas vezes, os interesses do momento nos levam a escolher pessoas com as quais formaremos nossas relações de família sem que tenhamos compromissos urgentes de reparação com elas. Isso tem uma importância relativa, pois teremos de aprender a amar a todos, mais dia menos dia.

13.4. Os perigos da intromissão

Ainda é comum que indivíduos egoístas e interesseiros, sob a fachada de preservar a felicidade dos filhos, interfiram, indevidamente, na escolha de seus parceiros, com os quais vão constituir sua família. Muitas vezes, utilizam-se da justificativa de que eles terão uma possível vida sofrida, usando as qualidades negativas do pretendente como, por exemplo, os vícios.

Entretanto, mesmo com essa possibilidade, uma reparação pode estar em andamento, pois o filho ou a filha pode ter contribuído para que a pessoa atualmente esteja numa situação viciosa.

Portanto, aconselhar é necessário, mas apenas depois de muito refletir. Ao interferir na escolha, impedindo um possível resgate, os pais podem estar assumindo o compromisso de voltarem juntos numa próxima existência, para resgatar essa promissória em branco.

Aqueles que se encontram na posição de pais zelosos devem refletir muito antes de assumir um compromisso para reaprendizagem no futuro.

Então, os pais devem cruzar os braços e deixar que o destino se cumpra?

Sim e não.

A linha que separa a omissão da intromissão chama-se bom senso, que, nesse caso, é adquirido:

- Pelo estudo da personalidade dos filhos.
- Pela análise das circunstâncias.
- Pela somatória de fatos que indiquem um caminho a seguir.

Quando a intenção verdadeira é a felicidade e o progresso evolutivo dos filhos, um sexto sentido chamado intuição, que proporciona úteis conselhos, é ativado. Mas nunca é demais lembrar que aconselhar não é escolher pelo outro, é apenas apontar um conjunto de escolhas possíveis e suas consequências.

Mostrar que, se escolherem esse caminho, as consequências poderão ser essas, já aquele outro caminho parece levar àquela outra, e assim por diante. Porém, jamais devemos determinar ou induzir a escolha sob pena de termos que participar de sofridas reparações no futuro.

13.5. A capacidade de discernir reflete a qualidade da relação

Sem dúvida, a maior causa de relações familiares sofridas é a imaturidade psicológica das pessoas.

Muitos ainda evoluem de forma passiva: uns sintonizados nos defeitos de caráter complementares do outro, o que torna a família uma betoneira, na qual se junta uma série de pedras brutas para serem buriladas: tromba daqui, bate de frente acolá, e todos vão sendo lapidados.

Como exemplo, percebemos que a impaciência de um é diminuída com a ajuda da lentidão e da preguiça do outro; o ciúme de um é corrigido pela volubilidade de outrem, o melindre coloca em destaque a grosseria da outra parte, o sucesso de um coloca na berlinda o sentimento de menos valia do outro ou até a tendência à inveja, entre outras situações.

O que fazer?

De novo: questionamos as relações familiares quando estamos insatisfeitos. Quase sempre predomina a afirmação de que as expectativas de felicidade e realização pessoal não foram concretizadas, e ocorre a desvalorização do outro. Raras vezes a insatisfação é positiva com o sincero desejo de melhorar as relações.

Antes de iniciarmos essa fase da reestruturação, é preciso definir intenções:

- O que pretendo? Desfazer ou manter os laços de família?

- Se a opção é manter os laços de família, é preciso que comecemos a ser intimamente honestos conosco para que sejamos honestos com os outros. Já observou como costumamos ser pouco honestos conosco, e sempre buscamos desculpas para nos justificar ou camuflar nossas verdadeiras intenções?

- Por que desejo manter a família? Preguiça? Comodismo? Medo de ficar só? Interesses sociais ou econômicos?

- Se o motivo for interesse, preciso definir, com clareza, que tipo de interesse.

- Sou capaz de criar um claro e sincero desejo de melhorar a qualidade das relações familiares?

13.6. Pausa para reflexão 4: Anote

- Se ainda tenho dúvidas quanto a romper ou a manter os laços de família, devo meditar na seguinte questão: *Será possível romper verdadeiramente, e para sempre, os laços de família?*

- Analise bem, anote suas conclusões para confrontá-las com sua maneira de perceber a vida nos próximos tempos.

De forma simples, podemos dizer que nossos laços de família se originam das interações em que predomina o amor ou a dor. O tipo mais comum são os laços pela dor, e quanto mais as criaturas se odeiam, magoam-se e se prejudicam, mais se imantam umas às outras, mais próximas estarão.

Às vezes, tão próximas, que quase se fundem numa criatura só, num processo de simbiose tão forte, que um passa a depender do outro. Em casos extremos, os laços pela dor foram tão estreitados, que nascem colados uns aos outros, como no caso de irmãos xifópagos, que dividem parte do mesmo corpo de forma compulsória.

Nos laços pelo amor, desenvolvem-se simultaneamente a intensidade e a flexibilidade, as pessoas que se amam de verdade pensam, sentem e agem como se fossem quase uma só, portanto não têm interesse em se separar.

Penso que podemos concluir que os laços de família nunca se rompem, já que são eternos. Apenas a sua qualidade é que pode ser mudada. Os laços formados na dor podem ser mudados para laços de amor quando desejarmos e nos capacitarmos para isso.

Nem sempre adiar é uma atitude inteligente, pois a Justiça Natural não aceita o perdão sem reparação do tipo "desculpe, Papai do Céu, que não faço mais" ou como na vida em família "está bem, desta vez passa, mas não faça mais isso". Pela simplicidade matemática do perdão, uma atitude negativa apenas é compensada por outra positiva de igual valor (caridade) e pode ser parcelada em várias prestações (reencarnações).

Quanto mais cedo substituirmos a dor pelo amor, melhor para todos nós, pois dependemos uns dos outros.

Se quisermos, já é possível redefinir e mudar ativamente nossas relações familiares. Só é preciso uma dose de boa vontade. Além disso, é interessante eliminar os conceitos de má vontade, tais como dizer que é difícil, que não dá conta.

Nada é difícil, e tudo é possível. Não adianta reclamarmos de que fazemos a nossa parte e de que os outros é que não retribuem. Por isso, há a necessidade de reconstrução da família.

13.7. Cabe ao coordenador do processo de reengenharia da família

- Admitir que está insatisfeito, sem desculpas e justificativas, sem colocar a responsabilidade da sua insatisfação nas condições do momento ou na outra parte e, então, cultivar o firme propósito de tornar positiva essa insatisfação, ao assumir sua parcela de responsabilidade.

- Realizar uma honesta e criteriosa autoanálise da sua participação nas relações em família. E, para um desempenho mais efetivo, é interessante anotar o que dizem a seu respeito, tanto de forma pontual quanto nas entrelinhas, nos momentos críticos de discussões, naqueles em que não se pensa antes de falar, quando não há nem o medo nem a preocupação em agradar, pois essa prática facilita o processo de checar nosso desempenho.

- Anotar as insatisfações com cada um dos membros da família e os momentos em que elas se tornam mais fortes.

- Conhecer e anotar seus defeitos de caráter que entram em atrito com os dos familiares.

- Determinar a estratégia para engajar os outros membros da família num programa coletivo de melhorar o padrão de qualidade das relações.

- Estudar as relações das famílias com as quais mantém contato mais estreito a fim de aproveitar as lições oferecidas e espelhar o que ocorre na própria.

- Dar o exemplo, pois, antes de dizer aos outros o que fazer, é preciso que já estejam demonstrando.

13.8. Cabe aos familiares

Cada um dos familiares tem o dever de trabalhar pela melhoria da qualidade das relações familiares quando:

- For da sua vontade e já estiver capacitado.

- Perceber a importância e a necessidade disso. Nem antes nem depois.

13.9. Reflexão final

Estreitar e reforçar os laços de família é uma decisão pessoal e intransferível. Não pode ser imposta a ninguém.

A atitude mais inteligente é nos prepararmos para enfrentar sempre o desafio de aprender a amar os que cruzam nossos caminhos, sem esperar que assim também o façam as outras pessoas.

Uma vez definido se nos sentimos compreendidos ou não, felizes ou infelizes, bem ou mal-amados e se estamos na família certa, na hora e no momento em que nossas escolhas do passado precisam ser refeitas, é hora de seguir em frente com o processo. *Assumida a família, é aceito o desafio de transformar dor em amor.*

Melhorar a qualidade dos laços de família é o próximo item da nossa prosa.

CAPÍTULO 14
A QUALIDADE DOS LAÇOS DE FAMÍLIA

Devido à relatividade, sempre é complexo conceituar a qualidade dos laços de família. No momento, conceituaremos esses laços como aqueles que trazem aos seus membros mais sensação de felicidade do que de dor quando interagem. Mais paz do que guerra.

Muitos padrões poderiam ser utilizados para avaliar a qualidade dos laços de família; enfocaremos o conceito de amor.

14.1. Quem ama cuida

É necessário reavaliar o conceito de amor. O que costumamos entender como amor pode ser determinante para nos sentirmos felizes ou não, bem como nossos familiares, pois interferimos o tempo todo uns com os outros.

A pouca maturidade psicológica faz com que tenhamos amor ou desamor na proporção do nosso egocentrismo ou do sentimento de menos valia, quando o foco está apenas voltado a nós mesmos ou àqueles que consideramos nossa propriedade afetiva. Quando imaturos, somente queremos cuidar dos nossos interesses (meus e dos meus) e alimentamos o individualismo que pode ser até uma forma de obsessão aos que consideramos nossos ou uma auto-obsessão ao nos considerarmos mais ou menos do que realmente somos.

Atualmente, ainda predominam nas famílias indivíduos imaturos e doentes comportamentais, o que afeta a humanidade como um todo.

O momento atual ajuda a acelerar a melhoria da qualidade da família humana ao colocar, juntos, espíritos-crianças em corpos de adultos e espíritos-adultos em corpos de crianças, para acelerar a maturidade das consciências. O confinamento da atual pandemia torna mais claro esse fato ao favorecer a convivência mais de perto e por maior espaço de tempo.

As reformas sociais darão bons frutos quando resolvermos melhorar cada indivíduo educando-o pelo exemplo e ensinando-o a educar a si mesmo; em seguida, vem a qualidade dos laços de família e, a partir desse ponto, as relações sociais passarão a ser mais justas e amorosas.

Como melhorar a qualidade dos laços que unem cada um dos componentes da minha família?

Qualquer tarefa ou trabalho em grupo precisa de comando. Se fui o primeiro a sentir a possibilidade e a necessidade de melhorar, de forma ativa, a qualidade das relações na família, devo estudar e incorporar na minha relação com os familiares algumas diretrizes básicas:

- Aceito o desafio de aprender a amar cada um dos que compõe meu grupo familiar.

- Tenho certeza de que esta é a família ideal nesta fase em que me encontro.

- Nós nos merecemos uns aos outros.

- Cada um tem o que o outro necessita para aprender a se conhecer. Somos seres complementares.

- Eu e cada um de meus familiares, segundo nossa visão de mundo e nossas limitações, estamos fazendo o melhor que podemos neste momento.

- Meus familiares não me trazem problemas, mas lições.

- Aos mais difíceis dedicarei mais tempo, atenção e amor.

- Não devo criar expectativas, pois o tempo só existe quando produzimos ansiedade. O tempo que tenho para aprender a amar a todos é a eternidade.

- Tentarei substituir o conceito "é difícil" por "é possível", pois nossas expressões são poderosas, e a expressão "é difícil" implica em má vontade e preguiça, fechando perspectivas de mudança e realizações. Ao trocarmos por "é possível", sinalizamos boa vontade e abrimos o leque de oportunidades.

- Por meio do exemplo, procurarei, de todas as formas, despertá-los para que melhorem o padrão de qualidade das relações, até formarmos um time engajado no maior número possível de objetivos comuns.

- A condição de comandar a reforma das relações familiares pode ser temporária, pois, no meio familiar, pode haver pessoas prontas para determinadas tarefas, apenas faltava-lhes motivação e direção.

Esse é o corpo principal e inicial do conjunto das metas a serem atingidas. A sequência, a parte seguinte, é: analisar os recursos disponíveis para a proposta.

Os recursos são de dois tipos: intrínsecos ou internos à família (a condição de reagir e a cultura de cada um dos familiares) e os extrínsecos sociais ou externos à família (outras pessoas do relacionamento como: amigos e conhecidos, médicos, psicólogos, religiosos etc.).

14.2. Recursos internos transformadores

Quem comanda o processo de mudança deve analisar os próprios recursos íntimos para adequá-los às condições do momento.

- Conhecimento de nós mesmos.
- Capacidade de mudanças e transformações.
- Flexibilidade no pensar/sentir/agir.
- Capacidade de vontade.
- Soberania emocional.
- Recursos culturais.

Esses recursos devem ser dinamizados com inteligência e cautela, mediante o desenvolvimento da capacidade de meditar. Todos os nossos recursos íntimos podem ser desenvolvidos pelo autoconhecimento seguido de meditação, porém sempre devem ser materializados em atitudes adequadas ao novo momento, sob pena de que seja bloqueado todo o processo de mudanças projetado.

14.3. Fatores que limitam e recursos que inibem

Se tivéssemos aprendido a ser, de fato, o que tentávamos aparentar, estaríamos num Paraíso... Em antigas Eras, perdemo-nos no uso do livre-arbítrio quando começamos a cultivar o egoísmo e o orgulho, e a socialização nos levou a cultivar também o desejo de sermos aceitos e amados por algo que nem somos ainda e que nem conquistamos.

A hipocrisia é uma das dores de nossa evolução, uma feia e dolorosa ferida. Mentimos a nós mesmos e adotamos uma personalidade postiça. Se nos amamos mais do que a qualquer coisa, e se mentimos tanto ao objeto maior do nosso amor, imaginemos o quanto iludimos o que se encontra fora de nós ou de nossos interesses do momento. Quanto mais procuramos agradar as pessoas como objetivo, e não como efeito, mais "mentirosos" nos tornamos.

Os recursos que inibem podem ser transformados em valiosos recursos de progresso e de harmonia para estreitar os laços de família.

Exemplo:

Se nos percebermos orgulhosos, não importa de que forma se manifeste esse orgulho: soberba, arrogância, perfeccionismo, timidez, fragilidade emocional etc, deveremos ter em mente que o excesso de um recurso o transforma num problema. O orgulho que é o necessário amor a nós mesmos passa a interferir com o direito dos outros quando é excessivo. Na ecologia emocional, ele pode ser inibido com o desenvolvimento inteligente e planejado da humildade, que é o seu antídoto.

O medo se torna um dos maiores inimigos de nossa felicidade e da nossa evolução. Nas relações em família, é preciso que percamos o medo de dizer não quando isso se faz necessário. Agradar as pessoas só pela preocupação de agradar é um grave erro; agradar deve ser consequência da forma de viver e de conviver.

A preguiça é um dos mais perigosos adversários da boa qualidade nas relações familiares.

Tendo as qualidades negativas vigiadas e mantidas sob controle, o passo seguinte é adotar a estratégia necessária para "contaminar" os familiares com qualidade, e para que tal finalidade seja atingida, é preciso cuidar de:

- Falar pouco e ouvir muito.

- Executar e, depois, confirmar intenções.

- Não esperar das outras pessoas nada além do que elas estejam preparadas para retribuir. O que fazemos uns aos outros na vida em família constitui obrigação que não carece de agradecimentos.

- Não desperdiçar o tempo com conversas inúteis nem com discussões estéreis.

- Auxiliar, perdoar e amparar o tempo todo sem que os familiares saibam, pois quem faz a tarefa do outro comete grave crime evolutivo.

- Parar para refletir e alimentar nossos familiares com o pão da vida (o pensamento). O sentimento e as atitudes de gratidão que emitimos a eles como um e-mail da Internet os abastecerá de energia sem que saibam. Devemos aprender a agradecer por estarem conosco na estrada da vida, suprindo-nos, sem que o saibam, de tudo o que precisamos: de facilidades a dificuldades, de afagos a agressões, de amor ou de mágoas.

14.4. Recursos externos

A busca de recursos externos deve obedecer à mesma sistemática. Primeiro, devemos buscá-los para nós mesmos, já que somos os condutores do processo de reengenharia de nossas relações familiares, pois, se estivermos despreparados, não conseguiremos mudar nosso padrão de qualidade pessoal para poder engajar os outros membros desse grupo na proposta. Devemos também utilizar todo e qualquer recurso disponível para melhorar a qualidade pessoal de cada um dos membros da família.

É necessário que busquemos novos conhecimentos relacionados com nossas metas:

- Seminários e palestras são muito úteis, pois permitem até interação entre seus condutores e ouvintes.

- A leitura ainda é um recurso eficaz e que permite diversificar as fontes para aumentar a flexibilidade e, até certo ponto, é um dos recursos mais baratos.

- Programas de entrevistas em rádio e televisão podem ser interessantes; o inconveniente é a falta de tempo para aprofundar algum assunto, mas já estão mais interativos.

- A Internet passa a ser uma boa opção disponível e que pode reunir muitos atrativos.

- Conversas com outras pessoas, coletando experiências para serem checadas e avaliadas (devem ser sempre anotadas).

É importante que todo novo conhecimento seja checado e avaliado, nada do que venha até nós, deve ser desprezado, tampouco encarado como verdade absoluta. *Devemos estar abertos a novas informações e reter, para nosso uso, aquilo que nos interessa no momento. Ou serve ou não serve; não serve no momento; mas pode ser útil depois...*

Todo novo conhecimento já checado e avaliado deve ser posto em prática sob pena de distúrbios em nosso íntimo. Muito conhecimento e pouca aplicação funcionam como um tipo de intoxicação da alma, capaz de nos internar no inferno temporário da consciência.

Não esquecer a equação matemática da prática, que é igual a conhecimento multiplicado pelo esforço ou trabalho, dividido pelo tempo.

Inúmeros outros recursos podem ser úteis para reciclar nossa intimidade e nossa forma de atuar junto aos familiares, diminuindo nossas limitações pessoais, tais como:

- Tratamentos psicológicos, terapias individuais ou em grupo.

- Apoio de terapias alternativas capazes de auxiliar no autoconhecimento e na reestruturação íntima, pois, para muitas pessoas, quem usa continuamente os medicamentos do tipo indutores de sono, ansiolíticos, calmantes, tornam-se pouco capazes para coisas naturais como dormir sem remédio, portar-se bem sem o ansiolítico e "perdem o direito", enquanto forem dependentes de dizer aos outros o que devem fazer.

- Exercícios físicos e de meditação como ginástica, esportes, dança, *yoga, tai chi chuan* e etc.

- Procurar ser militante ativo de suas ideias e ideais. Aprofundar-se nas relações sociais, doando-se, auxiliando e cooperando ativamente, de corpo presente, em atividades comunitárias. É preciso ser do tipo: mostra, vai e faz.

Deve-se incentivar (e não impor) os familiares a buscar nesses recursos externos como auxílio para suas dificuldades, preparando-os, aos poucos, para serem engajados na meta da melhoria da qualidade dos laços de família.

Na tarefa de estreitar os laços de família melhorando sua qualidade, algumas normas básicas devem ser respeitadas:

- Faça sua parte sem esperar que os outros retribuam.

- Na política das relações familiares, exerçamos a democracia para com os outros; para conosco, o imperativo de fazer sempre o melhor, a exigência do cumprimento dos deveres. Ninguém, nem o pai, nem a mãe e nem os filhos, ninguém mesmo, tem obrigação de nos dar nada; ao contrário, nós é que temos a obrigação de dar aos outros tudo o que estiver ao nosso alcance, sempre o melhor de nós mesmos, sob pena de graves problemas de consciência no futuro.

- O tempo é o senhor de todas as realizações. Somos semeadores, e a colheita tarda, mas não falta. Porém, ela é proporcional à qualidade das sementes, do preparo do campo e do clima. A pressa conduz a cobranças indevidas e à frustração.

- Perante nossos familiares, façamos hoje o que descuidamos no passado.

Iniciado o trabalho de aprimoramento dos laços de família, podemos partir para a próxima fase.

TERCEIRA PARTE

O ESTUDO DO AMBIENTE DOMÉSTICO

CAPÍTULO 15
AMBIENTE DOMÉSTICO

15.1. O que é ambiente doméstico?

- Viver debaixo do mesmo teto.
- Ter uma moradia.
- Conviver em um lugar onde vive uma família.

Não se pode caracterizar um ambiente doméstico sem pessoas que o habitem em convivência, interagindo.

15.2. Primeiro, é preciso definir o que seja um lar

Um lar não é apenas uma habitação. Ele envolve o conceito de família, que é o conjunto de indivíduos que têm a mesma origem ou não, fundamentando-se no afeto e nos interesses comuns.

Num determinado lugar, pode habitar um conjunto de pessoas que têm a mesma origem e que são apenas parentes, pois não possuem interesses humanos em comum.

Usando conceitos mais atuais, pode-se dizer que o ambiente doméstico se constitui de uma parte física e de uma parte extrafísica, que formam uma unidade que não deve ser quebrada. Uma parte concreta e outra abstrata, interdependentes. Uma não existe sem a outra.

A maioria das pessoas vive e se fixa apenas nas sensações geradas pela parte concreta da vida, sem observá-las, sem analisá-las, comportando-se como o animal que é capaz de experimentar sensações, mas que ainda é incapaz de criar mudanças ativas e significativas no seu destino e no meio em que vive.

Para quem pensa em reestruturar a sua família, é necessário analisar as interações em todos os planos da vida, sejam físicos, sejam extrafísicos.

15.3. O que o estudo do ambiente físico abrange?

- As condições da moradia e do local em que ela se situa.
- O estudo das características humanas das pessoas que compõem o grupo familiar.
- A forma como interagem entre si e com o meio ambiente.

Um padrão de qualidade relativo e até subjetivo, pois depende de valores sociais, pessoais e da formação cultural.

Nesta conversa, avaliaremos, no ambiente físico e até no extrafísico, apenas o que é pertinente à própria família, aos interesses do grupo familiar e da sociedade local, sempre tendo em vista a principal meta da família, que é o desenvolvimento do respeito e do amor entre os componentes do grupo. Desse modo, as relações entre eles recebem aqui especial atenção.

Na convivência, cada um dá o que tem. E recebe de volta o que necessita e merece, nem sempre o que gostaria.

Destacaremos sempre que tudo na vida do ser humano pode e deve ser feito de forma ativa e voluntária. Inclusive o ambiente doméstico, em todos os planos e dimensões, deve ser reciclado de forma contínua, intermitente.

15.4. Como avaliar a qualidade do ambiente doméstico?

Não precisamos de consultoria para avaliar nosso ambiente doméstico. Quando se encontra nele, qualquer pessoa pode analisá-lo pela forma:

- De se sentir bem ou mal,
- De estar feliz ou infeliz.

Como deve ser um lar?

- Deve ser um refúgio, um porto seguro para onde retornamos a fim de nos refazermos após as tarefas do dia a dia.
- Deve ser um local agradável, onde cada um da família alimenta o outro de energias carinhosas.
- Deve proporcionar a seus integrantes que se gratifiquem por meio do pensamento sem esperar retribuição, já que esta é um tipo de expectativa que frustra e infelicita.

15.5. Por que investir na qualidade do ambiente doméstico?

Para evitar a falência da família na reestruturação, é preciso investir na qualidade do ambiente doméstico.

O que seria um ambiente doméstico de boa qualidade?

- O conceito de qualidade ambiental no lar é subjetivo, então não pode ser padronizado.

- As sensações que percebemos quando estamos nele é o que se torna o referencial capaz de nos estimular a melhorá-lo na aparência e na qualidade das energias que o compõe.

A parte física é construída segundo valores e fatores que nem sempre dependem da vontade de seus componentes. Ter mais ou menos posses quase sempre determina a qualidade em alguns aspectos, mas não em todos. Pobreza não é sinônimo de mau gosto nem de sujeira. Ostentação e suntuosidade não indicam bom gosto. E o ambiente subjetivo depende da qualidade evolutiva de seus integrantes, sempre.

O ambiente extrafísico de um lar é construído segundo o padrão vibratório dos que o integram, pensamento a pensamento, sentimento a sentimento, frase a frase, gesto a gesto. E sua boa ou má qualidade reflete sempre as qualidades, ou os defeitos, do caráter dos que ali moram.

Estudando uma habitação nos seus aspectos físicos e extrafísicos, pode-se deduzir a qualidade íntima de seus integrantes, com boa margem de acerto. Vale lembrar sempre que estudar não é julgar criticamente; quem assim o faz corre o risco de julgar-se superior ou inferior e de estar submetido a todas as consequências que isso traz.

Em muitas famílias predominam indivíduos que nunca dão nada de seu e que com nada contribuem para a melhoria do ambiente do lar. Nem mesmo no que diz respeito ao ambiente físico. Se ganham ou compram algo, deixam bem claro, para o resto da família, que aquele objeto ou aparelho é seu e que ninguém poderá fazer uso dele. Nada se tem a esperar dessas pessoas quanto aos cuidados com o padrão vibratório do ambiente.

15.6. Alguns fatores capazes de estimular a melhoria do ambiente doméstico

15.6.1. Saúde física

A qualidade do ambiente vai interferir, de forma poderosa, na qualidade da saúde dos que o habitam:

- Uma casa mal ventilada, que recebe pouco sol, com as paredes úmidas, será sempre um criadouro de fungos.

- Quando está cheia de enfeites e objetos capazes de acumular pó como bichinhos de pelúcia, carpetes ou tapetes, aloja bilhões de ácaros.

- Nas famílias de fumantes que deixam cinzeiros e "bitucas" de cigarro em todo canto, as doenças respiratórias são uma constante.

- O excesso de ruídos e de sons possibilita o aparecimento de doenças da audição.

- Excesso de perfumes ou cheiros decorrentes da falta de higiene são capazes de afetar a saúde dos outros.

- Nem sempre é possível reformar ou adequar a habitação, mas descuidar do ambiente quanto à limpeza, ao fumo e ao respeito ao familiar indica desleixo, egoísmo e preguiça, que são indicadores de má qualidade pessoal que pode ser capaz de afetar a saúde do resto dos familiares.

Esses são alguns fatores que podem se somar a outros para desencadear doenças respiratórias como asma, bronquite, rinite, sinusite, crises de enxaqueca etc.

A qualidade do ambiente extrafísico também pode interferir intensamente na saúde física das pessoas, principalmente por meio da energia liberada nas relações entre os membros da família, quando interagem com raiva, impaciência e intolerância.

15.6.2. A saúde mental e emocional

Ambientes físicos de aparência desagradável e, principalmente, malcuidados podem contribuir para agravar quadros clínicos já instalados de insônia, depressão, tristeza, desalento e outros quadros de distúrbios psíquicos, emocionais e afetivos.

A má qualidade do ambiente energético de um lar em que as pessoas não se respeitam pode reforçar tendências doentias e funcionar como fator capaz de desencadear doenças mentais como neuroses e psicoses.

15.6.3. A qualidade de vida

A melhoria da qualidade do ambiente em todos os seus aspectos vai repercutir na qualidade de vida da família, ajudando cada um a se sentir mais feliz e realizado, além de despertar sentimento como a esperança, a fé na vida, o amor a si mesmo e ao próximo.

O simples fato de sabermos que irradiamos energias que envolvem as pessoas à nossa volta de acordo com o que somos, em todos os lugares onde nos encontramos, já seria o suficiente para que buscássemos melhoria contínua do ambiente individual e familiar.

15.6.4. Aspectos físicos da moradia

O estudo e a análise de uma moradia dão importantes pistas sobre a qualidade das pessoas que ali habitam. É possível também fazer o caminho inverso e, pelo estudo do ambiente em que vivemos, descobrir facetas desconhecidas ou camufladas do nosso caráter e personalidade. É impossível separar a qualidade do ambiente da realidade íntima das pessoas que o habitam:

- A suntuosidade ou não da moradia pode indicar apenas se há mais ou menos recursos financeiros. A aparência externa da casa pode significar, nos seus extremos, soberba ou avareza, e pode dar algumas pistas sobre o tipo de personalidade dos que ali vivem.

- Uma casa bem cuidada e limpa indica que a maior parte de seus moradores é consciente de seus deveres. Ao contrário, uma casa malcuidada e suja indica preguiça e desmazelo, o que demonstra atraso evolutivo. O extremo obsessivo de limpeza e ordem indica caráter doentio e psicótico caracterizado como TOC (transtorno obsessivo compulsivo).

- Luz e ventilação também dão pistas de qualidade, pois as pessoas projetam no ambiente o que lhes vai no íntimo; quem não tem nada a esconder, ou tem pouco, é aberto e flexível, sente-se bem em ambientes bem iluminados e arejados. Outros tendem a se manter na penumbra e com tudo fechado, com medo do que tem dentro de si e das outras criaturas.

- Cada casa emite um tipo de odor característico, que dificilmente é abafado com perfumarias e produtos de limpeza. Cada casa, como cada pessoa, tem o seu cheiro. Os odores são de boa ou de má qualidade e um bom indicativo de personalidade e de evolução.

- O nível dos ruídos, como a altura do som para ouvir uma música, indica particularidades do caráter; dentre elas, o quanto de respeito se tem pelas pessoas da família, pelas visitas e pela vizinhança. O timbre de voz, o falar alto ou gritando e esbravejando, demonstra falta de educação e que os membros da família competem entre si.

- A presença de plantas e animais e como eles se reproduzem nesse ambiente indica boa qualidade de caráter ou não. Fuja ou afaste-se de pessoas que agridem uma planta ou chutam um cão, caso não seja alguém muito ligado a você na parte afetiva; pois essa pessoa fará pior com as pessoas quando seus interesses mais primários forem contrariados.

- Quem se encarrega de montar e decorar o ambiente em que vive sinaliza ser capaz de identificar-se, com mais facilidade, com tudo e com todos. Isso expressa a identificação com o ambiente.

- O número e a qualidade das pessoas que frequentam uma casa é um bom parâmetro da qualidade íntima. Um lar de poucos amigos é uma casa de egoístas. A lei de sintonia sempre funciona e é de fácil percepção para quem deseja observar e aprender.

- Os objetos de uso e de decoração e a disposição dos ambientes indicam muitas características da personalidade. O estado de conservação dos objetos e móveis também, principalmente nos seus extremos, mal conservados ou doentiamente conservados. Ambientes que ninguém usa e que estão sempre preparados para pessoas importantes que há anos não aparecem demonstram pobreza de espírito, orgulho, sentimento de menos-valia consigo e com os seus. Um ambiente doméstico de boa qualidade tem seus espaços aproveitados e usufruídos pelas pessoas mais importantes que existem: seus componentes e seus amigos do dia a dia.

15.6.5. Para melhorar o seu ambiente familiar físico

Um ambiente, um objeto, uma planta ou um animal não se modificam sozinhos; é preciso que haja uma inteligência que comande a mudança. O homem já possui essa capacidade, que é proporcional ao grau do seu conhecimento, cultura e valores íntimos. Para dar um padrão de qualidade melhor ao ambiente físico, é necessário aprimorar o padrão íntimo de qualidade humana.

Pessoas já despojadas se sentem bem num ambiente simples que, para elas, representa qualidade. Para pessoas atulhadas de penduricalhos mentais e emocionais, o ambiente de qualidade deve estar entupido de objetos. *Se você está em harmonia íntima, cria harmonia à sua volta e atrai os que estão em sintonia com você.*

Para melhorar a qualidade do ambiente, algumas regras podem ser úteis:

- Livremos o nosso ambiente das inutilidades. Não guardemos nada que não esteja efetivamente sendo usado no momento, sejam objetos, roupas, entre outras coisas.

- Porém, tenhamos o cuidado de não mexer em nada que não nos pertença sem a devida autorização. Temos que exemplificar a necessidade de sermos simples e desapegados para evitar o desnecessário sofrimento do apego passivo.

- Nada do que possa ser utilizado por outras pessoas deve ser dispensado, pois outra pessoa pode estar necessitando daquilo que não nos serve mais; assim, mostramos que nada nos falta, porque é da lei que é dando que se recebe, e o que de nós emana retorna a nós.

- É fundamental que mantenhamos a ordem e a limpeza de nossas coisas. Elas são a nossa cara.

- Mesmo sem percebermos, os outros nos veem como realmente somos; jamais nos esqueçamos disso.

- Os ambientes em que permanecemos devem ser bem iluminados e arejados. Nossos pertences devem ser limpos e ordenados. Observemos nossos armários, nossas roupas, e coloquemos de volta no lugar tudo o que tirarmos de ordem. O desmazelo é a cara do preguiçoso que está habituado a que os outros façam o que lhe cabe, o que é seu dever e obrigação, e isso é falta de qualidade humana, e deve ser corrigido.

- É essencial que cuidemos bem do corpo para que nosso cheiro não seja desagradável, pelo menos. Se nosso hálito e suor cheiram mal, reformulemos a dieta e os hábitos de vida para que não digam "Foi fulano que usou isso aqui, ele usou esse cômodo" ou "Essa roupa é dele".

- Por mais que disfarcemos nosso cheiro com perfumes caríssimos, que usemos enxaguante bucal, ele sempre retorna após breves momentos de camuflagem. O cheiro é a nossa marca.

- Tentar evitar perfumes e desodorantes é uma boa política para o autoconhecimento, pois nossos pensamentos e sentimentos têm cheiro e cor que são a matriz dos odores que exalamos, e essa prática nos distancia de um contato com essa realidade profunda.

- Não podemos nos esquecer dos pensamentos e dos sentimentos. Tudo o que exalamos deve ser observado; caso a nossa forma de agir e reagir não seja agradável, deve ser repensada.

- Colocar tudo no seu devido lugar é importante. Não importa quem tenha deixado fora do lugar; se é de uso coletivo, devemos recolocá-lo no devido lugar, pois nossa consciência anota, de forma positiva, toda vez que fazemos algo que não é nossa obrigação; usemos a tecnologia para cobrar e deixemos que o familiar atrasado e espertalhão anote, na própria consciência, os pontos negativos que, se não forem anulados a tempo, irão fazê-lo sentir-se infeliz, perseguido e mal-amado.

- Porém, é da maior importância que nunca façamos o trabalho daquele que já é capaz de fazê-lo, por já ter sido muito orientado. Os pertences pessoais dessas pessoas devem ser deixados no desmazelo ou filmados e fotografados.

- Desenvolver o bom gosto, aprender a cultivar o belo e o agradável na arte, na pintura, na música, no uso das cores também é fundamental e, se possível, cuidar de plantas e animais.

- E, melhor ainda, cuidar de outros seres humanos que se encontram limitados no momento. Dar aos outros sempre o melhor de nós, o que temos de belo, um sorriso, a alegria, para que possamos receber de volta o que de melhor os outros possam ofertar.

- Se já oferecemos rosas a alguém e recebemos de volta os espinhos, tenhamos paciência, porque ainda é o que o outro tem de melhor para nos voltar e, muitas vezes, necessitamos desses espinhos para aprender ou, talvez, porque essas sejam as primeiras rosas que tenhamos ofertado a alguém após termos retribuído com espinhos as rosas que tenhamos recebido.

- Nunca devemos perder a chance de dar exemplo aos que caminham conosco na ainda pedregosa estrada da família.

- Procuremos melhorar, a cada dia, o visual do nosso lar. Podemos reciclar objetos, mudar as coisas de lugar, sem nos esquecermos de que os outros também têm suas opiniões e seus gostos. Estimulemos os familiares a fazer o mesmo, a melhorar sempre o ambiente coletivo.

CAPÍTULO 16
COMPONENTES EXTRAFÍSICOS DA QUALIDADE DO AMBIENTE FAMILIAR

A qualidade extrafísica de um lar é subjetiva e pode ser avaliada pelas sensações que é capaz de produzir em cada um de nós. Um dos melhores instrumentos para isso é o corpo, uma vez que ele devolve o que recebe na forma de sensações de prazer ou de desprazer.

Um bom treino para perceber a qualidade das energias ambientais é comparar o que sente estando numa Igreja, num templo, num jardim e, depois, numa delegacia de polícia, num pronto-socorro, numa reunião de protestos. Qualquer pessoa está apta a fazer isso.

Observe como se sente no seu ambiente doméstico, depois comece a observar como se sente nos ambientes das diversas famílias que você conhece; estude-as, compare-as entre si; mas não as julgue porque você irá sintonizar-se rapidamente com as energias menos positivas e terá que aceitar as consequências de seus julgamentos. Para facilitar nosso progresso, a energia ambiental que deve predominar nos lares deve ser do tipo da que se percebe junto da natureza, calma e, ao mesmo tempo, revigorante, de uma praia deserta ou até de um Spa.

No entanto, o que se percebe, na maioria das moradias, é um tipo de padrão de energia que mais se assemelha ao de um pronto-socorro com uma fila de reclamações ou a uma delegacia de polícia.

Muitas técnicas podem ser usadas para avaliar a qualidade da energia ambiental como o cultivo de plantas, animais, peixes e aves, pois são muito sensíveis à qualidade da energia ambiental, em função da necessidade de receberem cuidados. Outra forma de avaliação pode ser a técnica de *feng shui*.[12]

Existem até alguns aparelhos que são capazes de medir o tipo de energia que envolve o ambiente.

16.1. Cuidados com o ambiente familiar extrafísico

Se já nos preocupamos com a qualidade do ambiente doméstico, que é um fator importante na evolução pessoal, devemos tentar agir e reagir com conhecimento e método.

O que emana de nós vem do nosso padrão de pensar, de sentir e de agir; portanto, devemos vigiar o que pensamos, analisar o que sentimos e verificar nossas atitudes dentro do nosso lar.

Tudo o que existe nesta dimensão da vida tem a sua correspondência nas outras dimensões, e a sintonia atrai os que têm padrão vibratório semelhante. Quem já sabe disso deve assumir, sem que ninguém o saiba, a tarefa da limpeza energética do lar. É da maior importância que os familiares conheçam essa tarefa. O motivo é simples: a pessoa que, indevidamente, chama uma tarefa ou responsabilidade para si acaba deixando de fazê-la.

Não desanimemos jamais, devemos manter a perseverança mesmo quando nos esforçamos para manter o ambiente saudável e limpo e os familiares o emporcalharem

---

12 Ciência e arte chinesas, de origem filosófica taoista, que têm por objetivo organizar os espaços com o fim de atrair influências benéficas da Natureza

com brigas, discussões, palavras agressivas, palavrões, comentários desairosos, maledicências, calúnias e outras formas de controvérsias, o exemplo faz os milagres que as cobranças e os falatórios nunca farão.

Recomecemos certos de que os resultados serão sempre compensadores para todos. Guardemos, na memória, a imagem da vela, que afasta a escuridão com sua luz. Sejamos a vela que afasta a escuridão do nosso ambiente familiar e, para isso, é necessário fortalecer e manter acesa a chama da esperança, da vontade e da perseverança. Chegará o dia em que outros familiares acenderão outras velas ao nosso redor.

Tudo tem sua correspondência noutros planos; portanto, isolemos e separemos do ambiente familiar todos os detritos, todos os resíduos.

Por intermédio do exemplo, vamos nos acostumar a manter fechadas as portas dos banheiros e as tampas dos vasos sanitários, pois emanam energias pesadas. Importante também não manter lixeiras nem resíduos sobre a pia da cozinha e mesas onde preparamos e consumimos as refeições.

Na medida do possível, façamos isso sem recriminar quem não age do mesmo modo, sem que seja uma omissão da nossa parte. Ao agirmos em silêncio, o outro mesmo nos recompensará, de acordo com o ditado popular "Água mole em pedra dura tanto bate até que fura.".

Elogiemos sempre o bem que foi feito, isso harmoniza o ambiente, tomando o cuidado de não criticar o malfeito. Não vamos nos esquecer das bombas mentais que recebemos de volta do preguiçoso. Se entrarmos nessa frequência, alimentaremos uma guerra mental que emporcalhará todo o ambiente doméstico.

Por exemplo, se um dos familiares lavou um prato e ainda deixou resíduos nele, lavemos sem reclamar, em silêncio; pois, nem sempre tudo o que fazemos fica bem-feito. No entanto, determinaremos o nosso padrão de qualidade pessoal, de modo que todos saibam que, se foi fulano que fez, então está bem-feito. Se fulano lavou esse prato, então está bem lavado e posso comer nele sem nojo, sem problemas.

Tenhamos paciência, pois, um dia, aquele que faz tudo com má vontade e malfeito, determinando, com isso, a sua marca pessoal, perceberá sua incompetência e passará a tentar modificar-se, melhorando seu padrão de qualidade humana.

Cultivemos o bom humor, pois pessoas carrancudas e mal-humoradas se tornam um foco de desarmonia. Se conseguirmos o sorriso, mesmo que amarelo, de um familiar carrancudo, estaremos reabastecidos de energias positivas.

Em todos os momentos do dia, desenvolvamos o sentimento da gratidão verbalizada e sentida. Assim, enriqueceremos o ambiente de vibrações positivas que abastecerão, energeticamente, a vida dos familiares, facilitando a vida de todos.

Estejamos preparados para servir a todos, sempre, mas é importantíssimo estarmos vigilantes para dizer sim ou não nos momentos certos. Agradar os familiares deve ser consequência da nossa forma de ser, e não um objetivo de vida.

Não precisamos ser servidos, antes servimos; mas, quando o formos, não nos esqueçamos de agradecer e, se possível, oferecer um carinho, pois um beijo e um abraço de reconhecimento (quando a pandemia passar), carregam consigo uma usina de força moral de potencial incalculável.

O fator mais importante da boa qualidade do ambiente familiar é a boa qualidade das relações humanas entre os familiares.

Nem precisa ser dito que a qualidade íntima dos componentes de uma família vai ditar a qualidade das relações entre eles.

Mas, se já há vínculo afetivo e desejo de harmonia, mesmo as criaturas de pobre qualidade evolutiva podem ser educadas para o amor, basta que sejam respeitadas. Para que seja educado e para que se eduque, o ser humano tem a infância mais prolongada entre todos os seres do planeta. É a popular "educação de berço", que não deixa de ser um treinamento possível de ser feito até com os animais, uns são mais fáceis de serem treinados que outros.

Se já sabemos o que queremos para nós e para os nossos, não desanimaremos nunca, desenvolvendo a empatia, amando e perdoando.

Ao sermos agredidos, incompreendidos, desprezados ou caluniados, esforçar-nos-emos para amar mais ainda. Essa é a maior conquista do projeto que tentamos desenvolver.

CAPÍTULO 17
QUALIDADE DAS RELAÇÕES HUMANAS

Independente do estágio de evolução em que a criatura se encontre, a base da boa qualidade das relações familiares é o respeito.

Respeitar é acatar os direitos daqueles que convivem conosco.

Respeito não se impõe; conquista-se no dia a dia, primeiramente no respeito a si próprio. Pais que não se respeitam dificilmente conquistarão o respeito dos filhos, estes também não o terão para si mesmos, e não haverá respeito entre os irmãos.

O respeito baseado apenas na educação social, embora seja útil e necessário para as normas de convivência, pode gerar a hipocrisia; é necessário que acatemos sempre os direitos das pessoas que vivem conosco, para melhorar a qualidade do ambiente familiar até que o respeito seja sincero e realmente sentido como afeto e amor.

Qualquer pessoa é capaz de perceber a diferença de qualidade entre o padrão vibratório de uma família em que seus membros tentam se respeitar e outra, na qual ainda não há esse desejo.

17.1. Indicadores de boa qualidade na vida em família

<u>Demonstrações de afeto</u>: O carinho físico: o beijo, o abraço, o afago são indicativos de boa qualidade de relações humanas. É bom ressalvar as demonstrações de afeto ainda

carregadas de hipocrisia; mas, na matemática da evolução, é melhor uma demonstração de afeto hipócrita do que nenhuma ou uma agressão.

Os dois extremos das demonstrações de afeto são inadequados e problemáticos. Algumas pessoas beijam, abraçam, tocam sem nada sentir, outras demonstram carinho de uma forma extravagante, e outros não conseguem demonstrar afeto mesmo que sintam carinho pelas pessoas. Aos dois extremos indica-se a busca do equilíbrio.

Saber ouvir: Além de ser uma consideração que demonstra educação e respeito, é um fator de equilíbrio nas relações familiares, pois muito contribui para a harmonia do ambiente. É o aprendizado de ouvir o que o outro diz sem interrompê-lo, uma qualidade ainda rara num mundo onde predominam pessoas egoístas e orgulhosas que tentam impor sempre seus pontos de vista. Num lar em que as pessoas ainda não sabem ouvir, predomina o falar em altos brados, a gritaria que desarmoniza.

Saber falar: O modo de falar denuncia o que somos a quem nos ouve. A palavra é uma das mais importantes conquistas do ser humano. O poder da palavra é ilimitado, tanto pode construir como destruir. Na preservação da qualidade do ambiente doméstico, a responsabilidade que traz o falar bem ou o falar mal deve ser analisada com inteligência.

Ser amável: O ser humano deve colocar-se, de forma voluntária e ativa, na condição de merecer ser amado. Nas famílias em que o servir e o ser servido vem sempre acompanhado de um agradecimento amável, o fluxo das trocas de energia que envolve a relação contribui para limpar e harmonizar o ambiente.

Ser pacífico: A mansuetude na sua fase inicial é íntima, começa na própria casa mental de cada um. *A violência é produto da ignorância e do medo.*

<u>Ser comedido</u>: O escandaloso, nas suas variadas formas, é um indivíduo violento e ignorante que perturba a harmonia do ambiente.

<u>Ter disciplina nos deveres</u>: O ambiente do lar consegue melhor padrão de qualidade quando todos os seus membros cumprem seus deveres resguardando seus direitos.

17.2. Pausa para reflexão 5

Quando avaliamos a qualidade do ambiente doméstico, devemos:

- Identificar, em primeiro lugar, as perturbações que causamos no ambiente.

- Para respeitar os outros, qualquer mudança que queiramos fazer deve começar em nós.

- É mais produtivo o esforço que fazemos para nos melhorar sem ter nada a dizer aos outros. Agir primeiro é a melhor forma de mostrar que o produto é bom, para, depois, tentar vender aos familiares nossas ideias e nossos planos. Antes, devemos trabalhar em silêncio, pois o próprio silêncio nos recompensa. Não nos sentiremos cobrados enquanto nos preparamos para colocar em prática as novas metas.

- Não devemos nos esquecer da equação da prática, que é conhecimento multiplicado pelo trabalho dividido pelo tempo = conhecimento x trabalho / tempo.

- Precisamos de tempo para nos tornarmos aptos a engajar os familiares na busca de um ambiente familiar de boa qualidade. Ao analisarmos o que é dever de cada um, dentro das suas possibilidades, devemos começar com os nossos engajamentos.

- Sugerimos começar esse processo pela forma de comunicação humana. Devemos desenvolver o saber ouvir e o saber falar. Isso é tão importante que merece uma maior atenção nesse nosso proseado.

CAPÍTULO 18
SABER OUVIR

A visão e a audição devem ser educadas, tanto quanto as palavras e as atitudes. Em qualquer circunstância, é preciso lembrar que podemos ver e ouvir para compreender e auxiliar, este é o objetivo maior de estarmos aqui, interagindo. Além de tudo, interromper a conversa alheia, mais do que um modo desagradável, é falta de educação.

O próprio desenvolvimento cronológico do ser humano mostra isso de forma a não deixar dúvidas: primeiro, a criança aprende a ouvir; depois, aprende a falar. Quando nasce surda ou com dificuldade auditiva, ela tem enorme dificuldade em aprender a falar. Na convivência com o adulto, a criança logo percebe que não é ouvida. Quando quer expressar um sentimento, perguntar ou dizer algo, logo é interrompida. O adulto pensa que só tem de ensinar e nada a aprender com ela, que logo vem a descobrir que os adultos não querem ouvir nada nem ninguém, que ouvir é perda de tempo.

Infelizmente, ainda vigora a ideia de que é vantagem falar sem dar tempo ao outro para retrucar, impondo assim o seu ponto de vista, nem que seja aos berros. Quem grita mais se impõe. Imitadora por natureza, a criança logo se põe a berrar quando não é ouvida ou quando seus desejos não são satisfeitos na hora.

O lar em que as pessoas não sabem ouvir umas às outras se transforma numa Torre de Babel[13], onde ninguém se entende, ninguém se respeita, ninguém se ama, pois a primeira fase do respeito é saber ouvir o outro, e o primeiro passo no aprendizado do amor é o respeito.

Apenas ouvir não adianta, é preciso saber escutar.

A isso dá-se o nome de capacidade de discernir.

Aprender a escutar não é deixar as palavras entrarem por um ouvido e saírem pelo outro ou apenas não interromper quem fala. É ouvir com atenção, pensar, refletir naquilo que foi dito, para reter o que é bom e descartar o que, naquele momento, não é útil.

Poucos já desenvolveram essa qualidade humana, daí a necessidade de que mil palavras não tenham o valor de um exemplo; caso contrário, a evolução da humanidade não se faria nem com toda a eternidade à disposição.

Prestar atenção no que se ouve uma ave, um gato, um cão também o fazem. Com treino, eles conseguem responder ao que foi dito, mas não são capazes de raciocinar nem de discernir, e algumas pessoas, infelizmente, estão numa condição semelhante.

Para desenvolver o hábito de saber ouvir no lar, devemos começar por nós, pois tudo o que quisermos mudar, desde o mundo íntimo ao universo, o primeiro passo depende sempre de realizarmos a mudança em nós mesmos. E com perseverança, pois a estaca zero nos aguarda para recomeçarmos.

Reaprendamos a arte de ouvir aqueles que nos cercam.

---

13   Gênesis 11:1-9.

Saber ouvir é condição básica para:

- Desenvolvermos a inteligência, objetivo imprescindível da vida humana.

- Ajudarmos a aprimorar o caráter e a personalidade, o que é a segunda maior razão do existir como ser humano.

- Sabermos o que falar, pois quem não sabe ouvir diz o que não deve, no momento errado, e ainda o que não sabe; um dos requisitos básicos para infernizar a si próprio.

- Confortarmos os outros, pois cada um tem suas dificuldades, suas dores, seus enigmas, e não é aconselhável que nossas palavras aumentem as aflições e o desequilíbrio das pessoas com a carga de nossos tormentos íntimos.

CAPÍTULO 19
SABER FALAR

Nossas palavras denunciam quem somos nós. Podemos nos esconder atrás da máscara da falsidade, camuflar o pensar e o sentir, mas quem estuda nossa fala logo nos reconhece.

- A boca é um canal dos pensamentos, e estes são produto do que pensamos e sentimos. Se as pessoas observassem o padrão vibratório das palavras, seu poder e a energia que carregam consigo, teriam muito cuidado de observar o que falam e como falam, tanto para sua própria segurança quanto para aqueles que os ouvem.

- A fala é um poderoso instrumento de evolução ou de atraso, de alegria ou de tristeza, de conforto ou de sofrimento, a escolher.

Na vida em família, o saber falar é condição primordial para alcançar um melhor padrão de qualidade no ambiente doméstico ou em qualquer dimensão da vida.

19.1. Ao falar, devemos vigiar

Importante reciclar o modo de falar com nossos familiares sem nos aborrecermos com o nosso antigo palavreado, pois, ontem, fizemos o melhor possível e, hoje, antes de abrirmos a boca para dizer algo, devemos refletir:

- Se conhecemos o poder das palavras, não podemos continuar a fazer uso delas de forma desarmoniosa.

- É importante estudarmos analisarmos alguns cuidados ao falar, para melhorar o ambiente em família.

Cada grupo familiar tem o seu administrador, e o que menos importa na tarefa de gerenciar a evolução do grupo é a posição em que nos encontramos: pai ou filho, mãe ou filha, irmão, cunhado; o que realmente importa é: *Que alguém assuma o comando e chame para si a responsabilidade de administrar o grupo.*

19.2. Por que falamos?

O linguajar tem seu destaque no contexto educativo das criaturas. No entanto, anseia por disciplina para que se torne um instrumento de criação e de evolução. Assim como a música muda seu padrão de vibrações, a palavra também possui uma enorme gama delas, e cada tipo harmoniza ou desequilibra.

Pensar e ouvir tem efeitos idênticos:

- Matéria e energia são a mesma coisa ou que tudo é energia.

- Quanto mais forte a vibração, mais intensamente a palavra estabiliza e cura ou adoece e mata, conforta e consola ou deprime e angustia.

- Nossa comunicação se dá pela fala e, se já falamos bem, é porque compreendemos o poder da palavra em todos os seus estados e em todos os seus sentidos.

- Cada palavra e cada som tem seu padrão vibratório específico e as ondas vibratórias que emitimos pela palavra rompem a fronteira do ambiente físico e seguem, como amostras de nós mesmos, para outras dimensões que ainda desconhecemos.

- Pensamentos e palavras atuam, interferem, modificam nossa vida e a dos outros. Devemos cuidar das ondulações da palavra.

- Ondear a fala é agitar forças virgens da natureza em algum serviço, mas é preciso que haja objetivação, que saibamos o que fazer com os recursos que usaremos.

- Daí que, antes de falar, devemos refletir sobre o que dizer.

- A energia não é falsa, ela é honesta na sua mais profunda mensagem.

- Se nós plasmamos, nas palavras, a força do pensamento e do sentimento com a frequência vibratória do otimismo, da alegria, do respeito, da esperança, elas nos responderão com paz, saúde, alegria, felicidade e harmonia.

- Se pensarmos, sentirmos e emitirmos palavras de desânimo, crítica, maledicência, queixa, entre outras posturas infelizes, podemos esperar que a dor, o sofrimento e a dificuldade não tardarão a nos alcançar.

Cuidado! Pois ondear, modular as palavras, é harmonizá-las ao nosso padrão de atitudes, que é a nossa marca registrada, na qual imprimimos nosso padrão de qualidade pessoal.

19.3. Por que importa falar bem?

Mostramos o grau de educação já alcançado quando falamos aos outros. Para melhorar, sempre é bom que:

- Procuremos limpar a nossa conversa como fazemos com nossa roupa, com nosso corpo e com nossos ambientes.

- Possamos nos sentir muito melhor numa casa em que a harmonia das coisas fala mais alto e mais forte do que o luxo.

- A nossa casa mental é de maior valor do que nossos ambientes físicos; nela, os móveis são os pensamentos e a iluminação, os sentimentos.

- Sejamos amorosos e criativos ao falarmos, pois de nós emanam energias capazes de fazer chover esperança em todas as direções, levando conforto e esperança aos outros. O contrário leva sofrimento e tristeza.

No lar, quantos confiam em nossa palavra? Muitos. E esses não podem nem devem ser decepcionados pela falta de vigilância em nossa fala, carregada de medo ou fruto da preguiça. Os filhos sempre acreditam na palavra dos pais até que estes lhes provem o contrário, os alunos na dos mestres, e assim por diante. *Pensemos antes de falar e nunca falemos sem pensar.*

Se temos uma conferência a fazer:

- Escrevemos.
- Rascunhamos.
- Preparamos a palestra para que ela atinja os objetivos.

Tudo isso para não sermos criticados, para não cairmos no ridículo de sermos incompreendidos.

No nosso lar, faremos igual, ou até melhor, se selecionarmos, examinarmos e escolhermos bem as palavras, para filtrar, o que devemos falar.

A energia que gastamos para ter todo esse cuidado é da mesma fonte, o tempo é da mesma procedência, e os que vão nos ouvir são nossos compromissos maiores.

19.4. As palavras têm que ter um objetivo

Existem três tipos de palavras:

- As boas que favorecem.
- As negativas que prejudicam.
- As mortas, sem sentido, sem vida, sem nada.

Vamos falar destas últimas para que possamos eliminá-las de nossas conversações, para que as inúteis não nos atrapalhem a vida cotidiana. Isso pode parecer um pequeno detalhe, mas não é.

Nos incríveis dias de hoje, a aceleração é incontestável, e devemos nos livrar de todo e de qualquer peso morto para a nossa evolução, a fim de economizar energia vital.

Observe que o palavreado dos depressivos, dos nervosos e dos angustiados está repleto de palavras mortas.

Se quisermos conhecer a pessoa com quem estamos interagindo, basta observarmos bem o que ela fala, analisarmos suas frases. Saberemos, então, com quem andamos e poderemos auxiliá-la na medida do que sejamos capazes, sem julgá-la.

Na vida em família, e também no ambiente de trabalho, é da maior importância que:

- Evitemos sempre a perda da energia das palavras mortas, das que mortificam, entristecem, denigrem.

- Cultivemos somente o palavreado que espalha a alegria, a paz.

A fala é uma ferramenta das mais importantes para a evolução; sendo assim:

- Cultivemos o hábito de louvar e agradecer a tudo.

- Evitemos apenas pedir.

- Vigiemos para cuidar mais do nosso falar, pois é mais importante do que cuidar de qualquer bem material que temos.

19.5. A importância de selecionar o que se fala

Se estivermos mal-humorados, a tentativa de modificar a nossa disposição na hora de falar é valiosa.

- A cara fechada predispõe as pessoas a emitirem energias corrosivas que desequilibram e que retornam em sintonia para nós, impregnando nosso campo de força pessoal e familiar.

- E, antes que o mal cresça, é sempre bom evitá-lo, sempre é melhor cuidar do que remediar, uma vez que gastamos menos energia e perdemos menos tempo, dois preciosos recursos humanos.

A conversa requer cuidados para tornar-se um instrumento de paz. Ainda não terminamos o curso de educação da mente para selecionar nossas ideias. É imperativo:

- Selecionar o que diremos aos outros, pois o lixo do nosso pensar deve ficar conosco.

- Saber que, se não agirmos assim, a natureza se encarregará de expulsá-lo por meio de doenças no campo físico ou de arquivá-lo no subconsciente, aguardando a oportunidade de transformá-lo em experiências valiosas, embora, às vezes, na forma de sofridas lições.

- Ter o conhecimento de que tudo o que dizemos fica gravado em nossa estrutura energética do corpo físico, duplo etérico e corpo astral.

- Investir na educação do falar, que simplifica e acresce à intenção sadia o bom humor das palavras.

Seremos imediatamente recompensados, pois usufruiremos dos benefícios na sua origem: nós mesmos.

19.6. A articulação das palavras

A simplicidade e a clareza caracterizam uma palavra bem articulada.

Pessoas que tentam esconder suas verdadeiras intenções costumam articular as palavras como se fossem guinchos ou grunhidos; por isso:

- Saibamos coordenar bem as palavras e carregá-las de alegria, pois falar a alguém sem amor é o mesmo que ofertar algo com as mãos fechadas.

- Além de agradável, toda a harmonia dos sons é capaz de curar e de limpar ambientes.

Assim como a música muda as vibrações para sentirmos a harmonia dos sons, as palavras bem-postas têm inúmeras oscilações, é como música universal da vida.

19.7. Convicção no falar

Se quisermos realmente ser agentes de mudanças no ambiente familiar, devemos intervir com fé, sem nos esquecermos da sabedoria; pois, se não acreditarmos realmente no que dizemos, nossas palavras serão mortas, vazias; sairão da boca e cairão a nossos pés sem atingir ninguém de fato.

Porém, tenhamos cuidado com:

- *O que* dizemos e *como* dizemos.

- Não falar sobre o que não sabemos, pois, as palavras são como um bumerangue, retornam, ajudando-nos ou voltando-se contra nós.

- Lembrar que tudo o que dizemos permanece em nós mesmos, no nosso campo energético, e retornará, um dia, na forma de consequências.

- Não nos acovardarmos, devemos pensar e falar sem esquecer de agir, de mostrar o que falamos por meio do comportamento.

- Se percebermos algum equívoco, mudemos logo o nosso modo de falar, sem medo e sem orgulho.

- Cultivar a coragem e o discernimento. Se acreditamos em algo, defendamos as crenças com as atitudes.

- Ter a necessária autoridade no falar, aquela que inspira confiança e respeito pelo que é dito.

- Tudo o que dissermos tem de ser útil, dito com convicção, senão as palavras serão vazias, mortas, maledicentes e destrutivas.

- Primeiro, acreditamos sem dúvidas e, depois, agimos de conformidade com isso.

Lembremos que, mesmo no campo da justiça humana, todos já possuem direitos. Já sabemos que o indivíduo que está sendo detido ouve: "Você tem o direito de permanecer calado. Tudo o que disser pode e será usado contra você no tribunal.".

19.8. A postura no falar

"Olhos nos olhos, quero ver o que você diz...".[14]

Quem tem mente limpa e coração aberto não tem o que ou de que se esconder.

Se não olhamos nos olhos de nosso interlocutor, temos que analisar bem a condição em que estamos e corrigir enquanto é tempo.

Podemos estudar nossa fala pelo retorno que recebemos dos acontecimentos da vida, como o reflexo num espelho.

Nosso semblante irradia o que pensamos e o que sentimos, não dá para dissimular o tempo todo; uma hora as máscaras caem, denunciando aos outros o que somos.

Estudar a postura física e os gestos nos ajudará a aprender, a nos educar na arte de falar.

19.9. Analisar o valor das palavras

*t*Se a desmerecemos, se ela tem pouco valor para os outros, precisamos recuperar seu mérito. Saberemos que o valor de nossas palavras foi recuperado quando alguém disser: "Se foi fulano quem disse, então deve ser verdade.". Façamos disso nossa marca registrada.

---

14   *Olhos nos olhos*, música de Chico Buarque de Holanda.

19.10. A palavra educa

Nossa mente é a caneta, e as palavras são a tinta com que escrevemos no nosso destino e no dos outros. Às vezes, basta algumas palavras para mudar o rumo de uma vida:

- Já meditou sobre quanto tem aprendido com a cooperação dos outros?

- Quantas valiosas lições têm vindo ao seu encontro com a ajuda da fala dos seus semelhantes?

- Pela fala, aprendemos e ensinamos.

- Se há o desejo de aprender com mais intensidade, aprenda a falar, porque é falando que se aprende.

- Sê proveitoso na palavra, pois ela é um valioso instrumento para granjear amigos em todos os horizontes da vida.

19.11. Para aprender, é bom analisar a palavra alheia

A conversa dos outros merece de nossa parte todo o respeito e toda consideração, ela é um instrumento valioso, por meio da qual também flui a vida.

Podemos analisar a conversa alheia sem nenhum constrangimento da parte da consciência, desde que tiremos proveito no silêncio, sem julgar, comentar ou desdenhar. Vejamos:

- Outros conseguem tirar aprendizados com nossas conversas.

- Como nosso planeta é uma escola, tudo na vida é aprendizado.

- As intenções determinam o rumo das escolhas e suas consequências. Nossa humanização e conscientização tiram de Deus a responsabilidade sobre nossas escolhas e seus efeitos.

- Assim, abandonamos a "confortável" posição de quem sempre precisa de alguém para ser seu condutor.

Para educarmos nossa voz, é de lei que devemos conversar; portanto, quando escutarmos a conversa alheia, aguardemos a oportunidade que nos é oferecida para manifestar nosso raciocínio e verbo, deixando assim a nossa marca.

Para um desempenho melhor, trabalhemos nosso aperfeiçoamento sem esquecer o amor, que nunca nos deixará sós, lembrando sempre que: *Ao sintonizarmos com outros seres humanos, descobriremos que é mais fácil e mais inteligente cooperar do que competir.*

19.12. A palavra cura

Se queremos saúde, conversemos sobre ela. Assim é com a alegria, a esperança, tudo de bom, enfim. Falemos das coisas boas. As palavras bem-postas têm o dom da cura.

Começaremos em nós mesmos, aprendendo a conversar com nossas células. O citoplasma das células é como uma antena que recebe ordens mentais, sob a forma de estímulos, do que deve ser feito para a harmonia do corpo. É interessante estimular o diálogo entre a mente consciente e a mente instintiva e referendar novas propostas por meio das mudanças no nosso pensar, sentir e agir.

Ao falarmos a um órgão doente, façamos com ternura e alegria, magnetizando-o, enviando energia pelas mãos, tocando de leve a região afetada.

Ela responderá rapidamente!

CAPÍTULO 20
LIMPEZA AMBIENTAL

Os cuidados com a limpeza do ambiente doméstico também envolvem aspectos nas outras dimensões. Se há muito descuido com a qualidade da limpeza material do lar, imagine então a imundície que campeia no ambiente extrafísico da maioria das famílias.

Portanto, vamos nos ater ao estudo da limpeza do ambiente extrafísico ou do ambiente energético do lar.

O que ocorre no plano físico tem sua correspondência no plano astral. Um ambiente doméstico malcuidado e de pouca qualidade sempre indica um ambiente energético de baixo padrão de qualidade. Vejamos como:

- O primeiro passo é começar pela higiene, ordem e organização do ambiente físico.

- Ter cautela é bom, até porque muitas pessoas usam pouco o raciocínio e ainda não conseguem discernir fora do trivial do cotidiano, nem sequer mantêm suas coisas em ordem.

- Não podemos ter pressa, pois a eternidade conspira a nosso favor. Há sementes e sementes; quando plantadas, algumas frutificam rápido, outras exigem maior tempo e, às vezes, esse tempo pode superar uma existência.

- Antes do plantio, porém, prestemos atenção no preparo do terreno; ajudando a eliminar os entraves à boa colheita: as ervas daninhas do orgulho, da impaciência, da intolerância, da agressividade, do medo, da ansiedade, entre outras tantas.

- O padrão vibratório do ambiente doméstico pode ser modificado por qualquer pessoa que queira se capacitar para tal e que deseje a tarefa, até que a maioria dos membros da família também atuem de forma ativa na manutenção de um padrão de qualidade do ambiente.

20.1. Cada lar tem seu padrão vibratório

A somatória do padrão vibratório dos componentes de uma família cria uma frequência familiar que atua como se fosse uma estação de rádio ou de televisão totalmente interativa, enviando e recebendo de retorno o que enviou, acrescida de outras energias do mesmo padrão de frequência, que são capazes de atuar no grupo fazendo aflorar características e tendências que "dormiam" no inconsciente do indivíduo.

Essa realidade energética pode, às vezes, tornar uma casa num verdadeiro hospício.

20.2. Alguns cuidados de manutenção preventiva

- Jogar fora objetos eletrônicos quebrados.

- Evitar que televisores fiquem muito tempo ligados e outros aparelhos que emitem radiações. Algumas pessoas só conseguem adormecer assistindo TV, isso impregna o ambiente de radiações e deteriora a saúde, causando problemas visuais importantes, pois a retina também necessita do descanso noturno.

- Analisar, com critério, o que "entra" na sua casa, a qualidade da informação veiculada no rádio, TV e Internet.

- Se predominam os negativistas e medrosos, evitem os noticiários; para os fixados em sexo, como os que se masturbam de forma compulsiva, evitem os programas eróticos; para os violentos, evitem os programas de lutas e guerras.

- Conhecendo melhor os familiares, tentaremos, com inteligência, diminuir suas tendências inadequadas.

- Evitar o uso contínuo de forno de micro-ondas.

- Ventilar e aproveitar bem a iluminação natural dos aposentos, pois isso ajuda na circulação de energia e evita o acúmulo de energias densas e miasmas.

- Não dormir com relógios no pulso movidos a bateria, pois o ritmo das pulsações da energia vai interferir com o ciclo biológico.

- Limpar e expor ao Sol os objetos vindos de outras pessoas, se tivermos dúvidas ou não conhecermos bem a intenção de quem nos deu algo.

- Selecionar as músicas ouvidas com constância quanto ao ritmo e às letras. Cada acorde, cada tom, tem a sua frequência vibratória específica, exatamente como cada ser humano. O ditado de que gosto musical não se discute é um atraso. Pelo tipo de música preferida ou por aquela a que se tem aversão, é possível avaliar muitos aspectos da personalidade e da qualidade evolutiva das pessoas.

20.3. Alguns recursos físicos de filtragem de energia

- Pedras e cristais são capazes de absorver energias e também de amplificá-las e propagá-las, portanto devem ser bem cuidadas e limpas com frequência, devem ser lavadas em água corrente e expostas ao Sol.

- Plantas, flores e animais filtram bem a energia e também necessitam de cuidados especiais. Quando fazemos uso de um recurso natural, somos responsáveis pela sua qualidade e pelo seu estado de conservação, tal e qual na relação pais e filhos.

- A boa música pode ser utilizada tanto para a limpeza do ambiente quanto para terapia.

Os recursos físicos para a limpeza ambiental são tal e qual o medicamento para o doente, se este não modificar seus hábitos e seu padrão de atitudes, não há a cura definitiva, as doenças sempre voltam, e piores.

20.4. Recursos extrafísicos de filtragem de energia

Devemos analisar e procurar sentir as variações da qualidade do ambiente energético em que vivemos. Identificar os problemas que sejam comuns a todos. Estudar as qualidades negativas que se repetem na maioria dos membros da família e, sem que percebam, de início, ajudar cada um a melhorar-se. Como tudo na vida, fazer a reforma íntima é mais fácil com o auxílio inteligente de alguém do que só a vontade própria, quase sempre ainda fraca, anêmica ou precisar da ajuda da dor e do sofrimento.

- Ajudar a desenvolver no lar o hábito de conversas edificantes. No dia a dia, ao perceber no diálogo entre os familiares a tendência para críticas, recriminações ou cobranças indevidas, procure mudar o rumo dos assuntos. Para valorizar mais essa proposta, observemos em nós mesmos a diferença sentida no corpo físico ao participarmos de conversas harmônicas e desarmônicas.

- Estimular o hábito das orações em família. A prática do Evangelho no Lar, seguida da reforma íntima dos familiares, é um dos mais eficazes recursos na melhoria da qualidade vibratória no ambiente familiar entre os cristãos.

- Porém, não importa a que religião pertençamos, pois o que menos importa é *no que* se acredita, mas sim *como* acreditar, *como* utilizar a energia mental ou o potencial da fé. Crer é pensar, sentir e agir. É da forma e da intensidade das crenças que nascem os milagres, as incríveis realizações.

- Criar no lar um espaço físico que seja usado apenas para recolhimento, meditação e oração. Com certeza, emanará dele, a todo instante, energias capazes de ajudar a manter a harmonia do ambiente doméstico.

- Ninguém, nenhuma pessoa que busque alimento físico ou espiritual, deve sair da porta da nossa casa com as "mãos abanando".

A energia da gratidão tem um poder insuperável de curar e de harmonizar as pessoas.

A ingratidão é uma forma cruel de vampirismo humano. No contexto das Leis Naturais, a pior delas é a ingratidão dos filhos para com os pais. Nunca podemos julgar se nossos pais foram bons ou maus, se fizeram tudo que podiam pelos filhos. Isso não é problema nosso, é deles. O nosso problema é sermos filhos de boa qualidade e sempre gratos pela oportunidade de estar nesta dimensão da vida, batalhando pela própria evolução.

QUARTA PARTE

O ESTUDO DOS FAMILIARES

CAPÍTULO 21
O ESTUDO DA PERSONALIDADE DOS FAMILIARES

No palco da vida em família, o ator é gesto e a voz é corpo presente. *Observe como a energia da palavra depende da presença física de quem fala.* Algumas pessoas nos perturbam até quando estão caladas, e isso ocorre porque todos nós irradiamos nosso pensar, sentir e agir.

Mas não basta sabermos o que mais nos perturba na maneira de ser de nossos familiares. Apontar e criticar defeitos nos outros é fácil, só que não leva a nada que possa tornar a relação positiva.

A finalidade do estudo da personalidade e do caráter dos familiares não deve ter a intenção de criticá-los ou recriminá-los, mas, sim, de aprender e ensinar mediante a mudança de atitudes e da postura diante da vida, o que é muito importante para quem está na condição de condutor do processo de reestruturação da família.

Se já tivermos atingido a percepção de que tudo depende de nós, de nossa boa ou má vontade, poderemos começar a trabalhar para criar harmonia no lar. É preciso pensar e sentir, mas executar é primordial.

Para melhoria das relações em família, é preciso que façamos, primeiro, o estudo sistemático de cada um de seus componentes para discernir a melhor forma de engajar cada um como participante da reestruturação das relações em família.

E, aqui, gostaria de frisar que atuaremos sem esperar nada de ninguém e sem julgamentos ou críticas. Nenhum de nós é melhor nem pior do que o outro, o que sobra em uns é o que falta nos outros e, para que nossa participação seja efetiva, realizadora, é preciso mostrar, antes, que estamos tentando nos corrigir para, depois, dizer a cada um o que deve ser feito ou reformulado.

O ambiente familiar é o melhor lugar para se conhecer, verdadeiramente, as pessoas.

É nesse ambiente que as máscaras da hipocrisia caem com mais facilidade, já que o indivíduo relaxa nas defesas do ego, que permanecem superativadas na presença de outras pessoas.

Um método prático e eficiente é anotar, documentar os seguintes itens:

- Observar como se relacionam os familiares entre si, anotando o que foi observado, pois, nos dias de hoje, isso é de vital importância; entretanto, não interfira em nada de forma direta.

- Comprar periodicamente o que corresponde a cada um dos familiares e analisar as possíveis mudanças, mas não deixe de se incluir no processo.

- A qualidade emocional do observador, no momento da observação, é fundamental.

- Analisar criteriosamente se, na observação das deficiências do outro, não se encontra o seu defeito complementar, ampliando o dele.

- Tomar o cuidado de sempre usar a empatia, pois cada um de nossos familiares está num degrau da evolução que nem sempre é o nosso.

Respeitar as limitações do outro é uma das condições básicas de ajudar.

Não se pode falar a uma criança como se fala com um adulto, embora, muitas vezes, a capacidade de compreensão e percepção da vida de uma criança de dez anos supere a de um familiar de oitenta anos. Idade cronológica quase nunca corresponde à idade evolutiva.

CAPÍTULO 22
AJUDAR OS FILHOS NO AUTOCONHECIMENTO É DEVER DOS PAIS

O ser humano tem inegáveis instintos sociais e, para atingi-los, possui a infância mais prolongada e dependente dentre todos os outros seres. E isso não é por acaso. Tudo o que ocorre na natureza obedece a um criterioso planejamento voltado para a evolução.

Todos nós já conquistamos o direito e o dever de pensar, de escolher, de (re)escolher e de se modificar segundo as sensações percebidas, pela dor ou pelo prazer.

- O que é dor? O que é prazer?
- Alguns conseguem extrair gozo da dor.
- Por quanto tempo?

Filosofar é primordial na vida, até Darwin[15], que desenvolveu a Teoria da Evolução das Espécies, baseado no estudo dos animais, preocupou-se com as expressões não verbais das emoções inatas, ressaltando-lhes a importância na regulação íntima do convívio humano.

Padrões comportamentais, e não apenas traços fisiológicos e anatômicos, constituem matéria-prima da seleção natural dentro de cada espécie. *Por que estudar os traços de personalidade dos filhos? Em razão da seleção natural do homem.*

---

15 Charles Robert Darwin foi um naturalista, geólogo e biólogo britânico, célebre por seus avanços sobre evolução nas ciências biológicas.

A Teoria da Evolução das Espécies, quando analisada segundo a visão global de conhecimentos atuais, permite entender os incríveis dias de hoje para o ser humano.

Por exemplo, um arqueólogo descobre o crânio de um dos primatas precursores da humanidade atual, que pode ter sido dele mesmo em remotas eras na sua trajetória evolutiva. A seleção humana se faz por ciclos, e a atual atinge o seu ápice exatamente neste momento, no qual estão sendo selecionados os "quase" seres humanos dos seres humanos de verdade.

A cada dia que passa, o conhecimento dobra, e nossa interdependência fica mais visível e acentuada. Com isso, mais o conhecimento e a responsabilidade dos pais aumentam, no que diz respeito à evolução dos filhos, que pode ser processada de duas formas básicas:

- Evolução passiva.
- Evolução ativa.

A forma passiva de evoluir: a natureza disponibilizou um mecanismo genial, infalível, de mudanças, de progresso interminável, de separar o joio do trigo, a dor do prazer, a necessidade do desejo mediante o mecanismo da irradiação e da sintonia.

A forma ativa de evoluir é a do gozo perene, que pode levar à felicidade permanente até atingirmos a perfeição; é o pensar, o refletir, o criar, o libertar e, sobretudo, amar sem nenhuma condição de receber de volta, nenhuma mesmo.

22.1. O papel dos pais em relação aos filhos nos dias de hoje

Um problema na caminhada da evolução é que tanto podemos nos ajudar como atrapalhar, atrasando uns aos outros ou adiantando-nos. Tudo depende do referencial. Na relação pais e filhos, tanto podemos nos ajudar quanto atrapalhar, retardar.

Devido ao momento de aceleração em que vivemos, a responsabilidade dos pais no que concerne à evolução dos filhos ganhou uma importância incrível, nunca vista:

- Hoje, não é permitido gerenciar o destino dos filhos de forma informal como era possível até pouco tempo atrás, sob pena de formidáveis sofrimentos.

- É preciso descer à realidade do dia a dia para progredir, seja com ou sem sofrimento, a escolher.

- Os próprios pais têm que se melhorar para poder ajudar com eficiência, pois todos nós, ao renascermos, trazemos tendências tanto para ajudar ou cooperar quanto para nos aproveitar dos outros, para usufruir de suas deficiências, para nos vingarmos, ou até para de alguma forma prejudicar.

- Além de oferecer aos filhos a oportunidade da existência atual, uma das principais tarefas dos pais é ajudá-los no autoconhecimento, capacitando-os para a reforma da sua intimidade, para educar a si mesmo.

22.2. Para que estudar os filhos?

O ser humano é um ser predisposto a aprender.

Ao longo dos tempos, centenas de cientistas já afirmaram isso. Mas *com quem* e *como* um candidato a ser humano pode efetivamente aprender?

Com tudo e com todos, principalmente com os pais, porém:

- Um dos entraves é que a maioria deles estão perdidos na vida; pois não sabem quem são e o que vieram fazer na existência.

- Acham que estão submissos à rigidez de programas genéticos imutáveis.

- Ainda têm dificuldade em distinguir quem são.

- Se isso já era um problema antigamente, hoje, é claro, é um problema maior ainda.

- Embora a natureza proporcione ao homem que esteja perdido na vida a possibilidade da evolução passiva sob a custódia da dor, do sofrimento, das aflições, os indivíduos não adaptados ao momento correm um risco enorme de se tornarem, rapidamente, e em qualquer idade, mortos-vivos, depressivos crônicos, angustiados, ou sofrerem pânico.

- Correm o risco também de se verem excluídos, pela própria vontade, do próximo ciclo da Evolução Humana no Planeta.

Imagino que o leitor já saiba ou esteja em busca de saber *quem é* e *a que veio* na existência.

Isso definido, se tem ou pretende ter filhos, estude-os. Participe da sua evolução como seres humanos de forma ativa.

Para vocês, meus amigos leitores, mãos à obra!

Como fazer?

Uma criança não é um livro totalmente em branco, pois já traz o rascunho do que pode ser modelado, mas os pais, naturais ou não, podem e têm a obrigação, resultante da lei de causa e efeito, de participar da vida dos filhos ou se sentem na obrigação de ajudar por amor, cada caso é um capítulo à parte na história da evolução.

A criança pequena ainda não aprendeu a camuflagem das intenções com os adultos, portanto, quanto mais cedo se inicie o estudo do caráter e da personalidade da criança, melhor.

Desde o momento do nascimento, já é possível identificar tendências e predisposições daquela criatura. Cada recém-nascido, com sua postura individual ante a uma nova existência, já fornece importantes dicas de suas tendências e predisposições.

Temos a infância mais dependente e longa de todos os seres que habitam o planeta e, se os pais estudassem as tendências que a alma infantil traz ao nascer, por meio da Educação de Valores, como coloquei no livro: "A reforma íntima começa antes do berço"[16]; muitas doenças físicas e aflições morais dos filhos poderiam ser abrandadas pelos pais, tais

---

16   Livro deste mesmo autor publicado pela Editora Bezerra de Menezes.

como: gripe, bronquite, rinite, enxaqueca, depressão, angústia existencial, crises de pânico, doenças físicas, roubos, assassinatos, toxicomania, alcoolismo, tabagismo, prostituição, gula. Enfim, todas as dores do corpo e da alma.

Quantos pais hoje ainda se apavoram com febres que depuram a saúde, que queimam as toxinas que eles mesmos obrigaram a criança a ingerir?

Ou quantos pais um dia se irritarão ao perceberem que seus lindos e espertos filhos ludibriaram milhares de pessoas como mandantes, poderosos ou como governantes. Com certeza, o pai de fulano ou de beltrano deve, em algum lugar ou em alguma outra dimensão da vida, estar pensando, refletindo: "Onde eu falhei?".

Relembrando, leitor, que é preciso anotar tudo que foi observado para aprender, reavaliar metas e selecionar recursos.

CAPÍTULO 23
ESTUDO DAS POLARIDADES COMPLEMENTARES

Por viver descuidadamente, a maioria dos pais fica perplexa e imobilizada com a constatação de algumas das leis físicas, como as de causa e efeito, sintonia, atração e repulsão, que regem as inter-relações humanas.

Quem ainda não ouviu a seguinte pergunta/reclamação: "Não sei por que meus filhos são tão diferentes entre si e brigam tanto, se a educação que demos a eles foi a mesma!". A primeira impressão que temos, ao estudarmos as famílias que conhecemos, é que só mudam de endereço, pois todas se parecem.

A personalidade do marido parece ser o oposto da personalidade da mulher; depois, um filho é o oposto do pai, outro o é da mãe; os irmãos brigam feito gato e cachorro o tempo todo. Parece que, na formação das famílias atuais, a natureza apenas agrupa os indivíduos que têm personalidades opostas, mas, na verdade, a formação dos grupos familiares não obedece simplesmente a polaridades complementares, ela é regida pela lei de causa efeito e pela lei do amor, já que a natureza desconhece o conceito de perdão e da compra do desculpismo pelo sistema de crença.

Conjuntos menores se formam e fazem parte de conjuntos maiores agrupados ao maior de todos: estamos todos aqui, tanto nesta dimensão da vida quanto nas outras, aprendendo a nos amar, a perdoar, a amparar o próximo e, principalmente, ainda a reparar nossos erros, condição única do início da conquista da paz íntima e da felicidade.

23.1. Entenda como funciona o mecanismo das polaridades complementares, com base na compreensão é que tudo é energia

- Que não nos esqueçamos de que habitamos, ao mesmo tempo, várias das dimensões da vida e de que tudo no universo é energia.

- Que nosso pensar, sentir e agir geram um padrão vibratório específico.

- Que cada um dos pensamentos, sentimentos e atitudes tem sua frequência e comprimento de onda específico e, quando em desarmonia, atrai seu complementar.

- Que cada característica da personalidade de um familiar atrai e põe em evidência o complementar do outro.

- Que, ao se evidenciarem essas características, os familiares entram em atrito, um burila e diminui o outro. A forma passiva de evoluir é desgastante e sofrida, mas funciona.

Para simplificar, vamos a um exemplo dos mais comuns no cotidiano das famílias: uma mulher controladora e carente que lida mal com seus sentimentos se torna muito suscetível de se magoar com facilidade. Ela irradia isso o tempo todo, onde estiver. Com certeza, seu companheiro poderá ser uma criatura grosseira e agressiva, controlada no trabalho e na convivência social, mas que, na vida em família, descuida-se com frequência e baixa a guarda do ego, deixando evidente sua grosseria em situações mínimas e até sem sentido para um observador externo.

Progredir, melhorar-se dessa forma, parece um absurdo, uma luta inglória na qual só há perdedores e sofredores, pois reflete uma falta de inteligência para quem está de fora da situação emocional.

Outro exemplo comum entre irmãos: um deles é rápido, até apressado, na escola, sempre termina de fazer as tarefas antes dos outros; já seu irmão é lento e desatento. Imaginemos a seguinte cena: na rua, a mãe no meio dos dois, segurando um e puxando o outro: "Fulano, espere um pouco, vá mais devagar", e para o outro "Ande, beltrano, como você é lento!".

23.2. Como tirar proveito da complementaridade na vida em família?

Primeiramente, é preciso que o administrador do processo de reestruturação estude seus próprios "defeitos" complementares aos dos familiares. Tente se corrigir e mostre que está querendo fazer isso, e não querendo corrigir os outros.

Será que, para melhorar o ambiente do lar, devemos evitar as situações de atrito entre os defeitos complementares dos vários familiares? A resposta é sim e não.

Como fazem sem compreender bem por que, algumas mães vivem pondo "panos quentes" entre o marido e algum dos filhos ou entre os irmãos. Dependendo do momento e da situação que foi gerada, e até onde podem chegar os efeitos ou as consequências, temos que amenizar os impactos.

- Quase sempre, devemos criar situações que ajudem a evidenciar o processo em si e o que cabe a cada um fazer para melhorar.

- Uma vez desencadeada a situação, ela pode ser mantida sob controle.

- Ameaçando sair de domínio, é preciso intervir o mais discretamente possível e sempre sem tomar partido de ninguém.

- Fora da situação de atrito, é preciso motivar e engajar os familiares no processo de reestruturação do ambiente familiar, recordando sempre os pontos principais de suas metas.

23.3. Algumas regras de mudanças na estrutura da família para o facilitador ou agente ativo

- Ninguém vai mudar ninguém, apenas a si mesmo, para estimular os outros a agirem igual.

- Ninguém está sendo julgado. O facilitador do processo deve sempre manter-se neutro e, para isso, deve conhecer a si mesmo para evitar tomar partido até em pensamento, pois este irradia até o que não foi dito e atua sobre os outros e sobre o ambiente.

- O conceito de empatia deve ser estimulado e treinado sempre pelo agente ativo das mudanças.

- Nunca qualquer dos familiares deve ser cobrado pelas mudanças que ainda não fez. As cobranças têm de ser íntimas, e isso precisa ser conseguido com inteligência pelo facilitador.

- Não existe tempo para colher os frutos. O agente ativo apenas prepara o terreno para o plantio de cada um; às vezes, ajuda a plantar e até participa da colheita, mas tudo a seu tempo.

- Quantas chances serão dadas a cada um? As mesmas que gostaríamos de receber.

Como fazer?

Antes de tudo, é preciso que se identifique os pontos principais de atritos entre os familiares. As mudanças devem ser planejadas, e os recursos a serem usados devem ser disponibilizados, e é primordial que se documente para análises e confrontações posteriores.

Ninguém está sendo criticado nem está sob julgamento dos outros na reestruturação da família. Portanto, outro ponto de vital importância para o facilitador é aprender e treinar o conceito de cisão e incorporação das características do caráter para repassá-lo ao grupo.

23.4. Características da personalidade que devemos eliminar

A lei de causa e efeito e a interpretação da sensação de sofrer, já liberadas dos conceitos imaturos de sorte, azar e destino, mostram, com absoluta clareza, o que devemos separar de nossa personalidade, o que é descartável até certo ponto, o que pode ser diminuído até um certo limite:

- Intolerância.
- Impaciência.
- Medo.

- Orgulho.
- Avareza.
- Benevolência sem discernimento.
- Crueldade.
- Gula.
- Sedução.
- Vaidade.
- Pressa.
- Lentidão.
- Ansiedade.
- Crueldade.
- Preguiça, entre outros.

Ou seja: todos os excessos, todas as doenças da alma.

Não existem defeitos de personalidade por si só; por exemplo, o orgulho em equilíbrio mantém a autoestima; se o destruímos, criamos a menos-valia. É preciso equilíbrio entre nosso lado sombra e nosso lado luz, e a falta desse equilíbrio é que gera a sensação de sofrer.

O que costuma sobrar em um, falta no outro; daí é preciso que incorporemos as características de personalidade mais marcantes dos que nos rodeiam e que, num primeiro momento, fazem com que soframos. Porém, ao mesmo tempo, é vital que nos livremos do que excede em nós e que causa sofrimento àqueles que nos rodeiam.

Por exemplo: vamos estudar um apressado e um vagaroso nos dias de hoje, nos quais tudo corre a jato.

23.5. O apressado e o vagaroso

Hoje, à primeira vista, a pressa até parece qualidade, é a adequação ao momento e mostra vagaroso sua possível inadequação. Mal sabe o apressado que, a qualquer momento, vai tropeçar na própria ansiedade, caindo facilmente no buraco da depressão ou do pânico.

Primeiramente, é preciso separar o vagaroso do indolente, e do preguiçoso. Parece difícil, mas não é, pois, a diferença está no detalhe de que o indolente ou preguiçoso só é vagaroso para atuar naquilo que lhe constitui obrigação ou dever. Já no que lhe é prazeroso ele é muito rápido. Por exemplo, algumas crianças e jovens dão enorme trabalho aos pais para serem acordadas pela manhã para ir à escola ou ao trabalho, mas levantam-se sem que ninguém as chame para ir a um passeio, um divertimento qualquer.

> *A cisão e a incorporação devem ser planejadas e gradativas, devem obedecer a um programa de reestruturação para que se tornem simples, fácil e eficaz. O agente facilitador deve saber por que, para que e como mudar.*

As mudanças induzidas pelo agente ativo de mudanças da família só duram um tempo e só podem chegar até um certo limite. Para que se tornem definitivas, é necessária a participação ativa do familiar a fim de eliminar determinadas características da sua personalidade e incorporar outras que lhe faltam ou que se encontram bloqueadas.

CAPÍTULO 24
EFEITO ESPELHO

A família funciona como uma casa de espelhos. Cada familiar "esfrega no nariz" do outro as suas atitudes inadequadas, o tempo todo, "Veja você aqui, cometendo os mesmos erros que eu; se não se modificar, passará por tudo que estou passando!".

O método da Constelação Familiar, baseado na teoria dos campos morfogenéticos, mostra que, numa família, e por sintonia vibracional, as pessoas repetem tendências e comportamentos absorvidos na infância e ao longo da existência e, como o que temos a oferecer são mais qualidades negativas do que positivas, repetimos doenças e sofrimentos.

Esse poderoso instrumento de autoaperfeiçoamento é subutilizado por vários motivos, todos englobados na imaturidade evolutiva das pessoas.

A maioria entende que a personalidade que a criança traz ao nascer seja fruto de uma condenação genética, de um mero capricho da natureza, e que aquela pessoa está condenada a ser assim para sempre, a se portar eternamente segundo suas imutáveis tendências.

É fato que percebemos mais, nas outras pessoas, o que se encontra em nós, como num espelho projetamos sobre o outro o que tentamos ocultar. E, descuidados, agimos como se o outro fosse o problema: se o outro mudasse, tudo se resolveria.

O efeito espelho costuma refletir a relação entre pais e filhos, netos e avós, mais do que podemos perceber. As polaridades complementares espelham, principalmente, a relação entre irmãos e outros membros mais afastados da relação familiar.

Todos nós ainda temos uma parte do nosso caráter e da nossa personalidade que fazemos questão de ignorar, pois, por algum motivo, ela não é bem-aceita pelas outras pessoas ou por nós mesmos.

É isso que torna alguns relacionamentos muito sofridos. Pais e filhos que não se entendem, não se aceitam, brigam por ninharias, e que até podem chegar ao ódio, à retaliação.

Tudo na natureza funciona de forma simples e fácil. É preciso imitá-la se desejamos modificar o padrão de qualidade de nossa relação com algum familiar.

- Primeiro, é preciso catalogar as características de personalidade do outro que mais nos incomodam e, com calma, estudá-las em nós mesmos.

- O passo seguinte é aceitar, de verdade e com honestidade, que somos parecidos.

- Depois, é começar a cultivar em nós mesmos a polaridade complementar da característica a ser controlada.

Não devemos perder tempo nem energia com desentendimentos estéreis na tentativa de modificar o outro. Às vezes, só perceberemos isso depois de muito sofrer e quase no final da vida. *Não devemos dizer para o outro nenhuma dessas características negativas.* Não temos o direito de fazer isso enquanto não as eliminarmos em nós mesmos. Agindo assim, não teremos a mínima vontade de fazê-lo, nosso desejo com certeza será apenas de amá-lo.

Nosso direito com relação ao outro é amá-lo, e nosso dever é aceitá-lo como é e compreender que, nesse momento, ele faz o melhor que pode, que hoje e em tudo dá o melhor de si. *Quem perceber primeiro o que deve ser feito não tem o direito de perder tempo, e tem o dever de começar a exemplificar já.*

Os possíveis atritos devem ser controlados no mesmo instante; isso não significa que devemos nos tornar alheios ou ignorar as situações, mas que elas devem servir para melhorar a relação e ajudar o outro a se perceber.

As qualidades do outro devem sempre ser realçadas e verbalizadas. Devemos criar situações capazes de desenvolver as qualidades opostas do outro como, por exemplo, se temos um familiar, nosso espelho, impaciente ao extremo, devemos criar situações que possam facilitar o desenvolvimento de sua paciência.

QUINTA PARTE

A REESTRUTURAÇÃO DA FAMÍLIA

CAPÍTULO 25
PROJETO DE VIDA EM FAMÍLIA

A primeira fase de nosso projeto foi esboçada: *Reavaliar alguns conceitos relacionados com as relações em família e melhorar o conhecimento de como ela funciona.*

Não podemos afirmar que foi concluída, pois a família é um empreendimento vivo e dinâmico que se modifica a cada novo instante como seus integrantes. *Por isso, o sistema de reengenharia se enquadra, de forma adequada, na busca de um melhor padrão de qualidade na nossa vida íntima e de relações familiares, pois é uma metodologia de mudanças sistemática e contínua.*

Partimos da pressuposição de que o leitor será o condutor ativo do projeto de reestruturação da família e de que se capacitará a engajar os outros na busca de um melhor padrão de qualidade da evolução de cada um e do relacionamento entre os membros da família.

Alguns requisitos mínimos já devem ter sido atingidos pelo facilitador do processo. Consideramos que já existe compreensão de que:

- Temos interesse em investir tempo, conhecimento e renúncia na qualidade de vida da relação em família.

- Além de aprender a conviver, um item importante para todos é formar um time que tenha o máximo de interesses em comum que superem os interesses individuais.

- A atitude de melhorar a relação em família trará um ganho fabuloso na própria evolução íntima.

- O estudo comparativo do ganho de qualidade será entre o padrão anterior e o padrão após o início do projeto. Outras famílias podem servir de modelo.

25.1. Requisitos básicos para iniciar o processo de restruturação da família

Segundo a sistemática da Reengenharia Empresarial, alguns conceitos precisam estar bem definidos antes que se inicie o processo de mudanças. Isso, com certeza, tem importância para a reestruturação de nossa vida em família.

25.2. Partes bem definidas no processo de reengenharia familiar

- Já sabemos alguma coisa a respeito de quem somos e do que viemos fazer na vida.
- Conhecemos e aceitamos nossas relações interpessoais e familiares:
- Sabemos da sua importância para a continuidade de nossa evolução pessoal com mais qualidade.
- Já está claro que ninguém cruza a linha do nosso destino por acaso.
- Não basta mais tolerar as pessoas, é preciso aprender a amá-las com inteligência, sem sofrer por elas:
  - Se a nossa vida de relação familiar está sofrida e insatisfatória, é um sinal de que precisamos mudar para continuar.

- Mas continuar a conviver apenas por continuar, por preguiça ou por acomodação não tem sentido para um ser humano, uma vez que a energia que nos move é a do amor, que não é um conceito abstrato e romanceado como muitos imaginam e vivenciam.
- O amor é pura energia.

* Definimos que nossa vida em família é uma meta de progresso pessoal de médio prazo:
- Que é uma condição de aprendizado e de reajuste.
- Que, em nossa evolução, já nos alegramos muito, mas, por outro lado, já infelicitamos muito os outros também.
- Que o único perdão que a Natureza reconhece como definitivo é a reparação do erro, quando estamos cuidando de beneficiar e felicitar a todos os que a vida colocou na nossa frente e que conosco convivem.
- Que estamos aprendendo a amar e a reparar atitudes, simultaneamente. E isso não é porque somos bonzinhos, amorosos ou porque acreditamos nisso ou naquilo, ou neste ou naquele que se apresente como nosso condutor ou salvador.
- Que aprender a amar é condição absoluta de sentir-se feliz, pleno. É equilíbrio, é harmonia.

* Avaliando nosso dia a dia, saberemos que:
- Existem problemas e dificuldades a superar dentro e fora de nós.

- Que nossos sentidos afirmam isso, e que dói aqui, incomoda ali.

- Com estudo e reflexão, escolheremos a melhor forma de atingir nosso objetivo:
  - A melhoria da qualidade íntima e de nossas relações, uma das condições essenciais para nos sentirmos em paz e felizes. Isso é o que preconiza a reengenharia ou a reestruturação da família.

E, como estamos trabalhando segundo uma moderna e inteligente técnica de evolução, estudemos duas de suas fases:

25.3. A fase 1 – O diagnóstico

Os padrões familiares já são conhecidos ou estão sendo estudados e determinados.

Esse padrão é o conjunto de regras que regem as relações entre os familiares e que determinam fronteiras ou limites. É a lei da casa.

Qual é a lei que funciona no seu lar?

- Pode ser ainda informal e autoritária do tipo: "aqui quem manda sou eu", ou informal e sem nenhum tipo de comando.

- Em outras, a voz de comando é circunstancial, pois depende da vontade e do estado emocional dos adultos ou até das crianças, já que, por incrível que pareça, em algumas famílias as crianças, em idade cronológica, ditam as regras e as leis que imperam na casa.

- Alguns bebês determinam como serão as relações afetivas entre os pais e até como, quando e com que qualidade os pais terão relações após o seu nascimento. É um elemento colocado entre os dois, numa família sem leis, sem soberania emocional.

25.4. A fase 2 – A somatória dos padrões familiares é o estatuto que rege o empreendimento familiar

Se a família ainda não o possui, é preciso que determine um com urgência para continuar existindo como um grupo; caso contrário, pode entrar em concordata e até falir, dissolver-se e deixar o reajuste, o acerto de contas, para depois, num acordo ou segundo a determinação da lei suprema de causa e efeito.

Os modelos familiares variam segundo a condição evolutiva dos seus integrantes e do meio em que vivem. Por exemplo, as referências de uma família de operários serão diferentes, até certo ponto, das que orientam a vida de uma família de políticos de carreira, de banqueiros, de médicos, de advogados, e até de ladrões, de traficantes ou de assassinos.

Outro exemplo, em muitas famílias, alguns membros do grupo sequer lavam e guardam no devido lugar um simples copo ou prato por eles utilizado, deixando que outro o faça, e quando o outro, um dia, cansado e revoltado, deixar de fazer, será o caos, uma verdadeira guerra de exigências e de recriminações.

O coordenador da restruturação familiar deve estimular o grupo a desenvolver um código mínimo de direitos e de obrigações aprovados pelo grupo. Uma forma inteligente de fazê-lo é:

Nunca façamos nada que não esteja determinado como nossa obrigação, de acordo com o código aprovado pelo grupo. Permitamos que o outro sofra as consequências de sua imaturidade e irresponsabilidade, sem sofrer *por* e *com* ele.

As pressuposições que orientam a vida dos integrantes do grupo familiar já estão estudadas e entendidas.

Elas são a parte inconsciente das referências, são o filtro que dá o rótulo e o caminho de nossa visão de mundo.

A reformulação das pressuposições costuma ser demorada e pode ser executada sob a ajuda da lei de causa e efeito ou do raciocínio contínuo, a escolher, como tudo o que diz respeito à evolução do homem, que é ligeiramente diferente da evolução do animal, do bicho. A maioria dos que se consideram até boas pessoas, terá de se humanizar rapidinho, rapidinho...

Hoje, para todos nós, parece implícito, lógico, sem contestação racional, que numa família deve haver respeito e cuidados entre seus membros; ao menos, é o que parece inteligente e razoável. Mas, na maioria das famílias, as pressuposições ainda não funcionam a contento ou até se tornam sofridas contradições, por vários motivos que podem ser resumidos num único: *Falta de educação para a vida como um verdadeiro ser humano.*

Podemos enumerar alguns motivos, porque ainda as pressuposições não são funcionais na maioria das famílias:

- A base da falha é a falta de evolução humana segundo as leis naturais de progresso dos membros da família.

- Como consequência da preguiça de pensar e do medo, a maioria das pessoas não tem soberania emocional. Inventam sofrimentos para progredir e assumem o sofrimento dos outros para si. Dupla ignorância e sem mérito algum, pois a sensação de sofrer não paga nada e acrescenta muito pouco à nossa evolução.

- Por falta de referências pessoais e de relações humanas adequadas, a maioria ainda segue evoluindo apenas pelo caminho da dor, do sofrimento, que não é nem melhor nem pior do que as outras formas, cada um é responsável pela sua escolha: não gostou de uma, que busque outra. *O progredir é "À la carte"*[17], *a escolher.*

"Santo de casa não faz milagres!". Muitas vezes, ouvimos as pessoas reclamando que determinados familiares tratam muito melhor as pessoas de fora do que as de casa. Isso parece um absurdo, mas não é, pois alguns fatores atenuantes e agravantes atuam ao mesmo tempo, o que é uma contradição da evolução da espécie humana.

---

17   *À la carte* é um empréstimo linguístico da língua francesa cujo significado é ser servido apenas como listado no cardápio.

Alguns fatores são fáceis de perceber:

- A pouca maturidade de cada um dos membros, em sua somatória, vai ditar a maturidade ou a imaturidade do grupo familiar, segundo os vários aspectos da conceituação de maturidade intelectual, social, emotiva e religiosa.

- Os defeitos complementares se atraem e atritam, tornando a vida em família uma sequência de cobranças automáticas que se tornam insuportáveis.

As atitudes habituais de cada um dos familiares já estão anotadas e avaliadas. Elas são a materialização das contradições e das pressuposições. *Cada um de nós costuma formar um padrão de atitudes e, ao contrário do que muitos pensam, as pessoas não são imprevisíveis, mas sim previsíveis, desde que se conheça como elas costumam agir.*

Conhecendo-se seus paradigmas e pressuposições, é possível antever suas reações nos mais variados momentos e nas mais diversas situações. Por exemplo, um familiar pode ter um tipo de reação ou de atitude na presença de estranhos e um comportamento totalmente diferente no lar.

Isso é a contenção social ditada pela ocultação dos interesses, que é um dos paradigmas da maior parte das famílias que deve ser eliminado. O exigente e egoísta filho no lar pode ser elogiado por seu comportamento e suas atitudes quando na casa de outros. *Conhecer o padrão das atitudes dos familiares é importante para o bom desempenho do projeto, pois as atitudes é que promovem a disposição de mudar.*

CONCLUSÃO

Ao final da leitura, chegamos a várias constatações, e uma das mais importantes é que na vida em família, criar regras claras, lógicas e aplicá-las com justiça é um ato de amor. Ajudar os familiares a perceber seus limites e os dos outros, e a respeitá-los, é um ato de caridade.

Mais do que tudo, precisamos de disciplina, muita disciplina, especialmente para atingir o grau de humanização condizente com as capacidades já desenvolvidas.

Mesmo o sentimento do amor não nasce sem a ajuda do trabalho e da disciplina, que deve começar primeiro em nós.

Disciplinar não é impor, forçar. A verdadeira disciplina é uma atitude voluntária e consciente, portanto necessita da capacidade de discernimento e pode ser despertada por meio da educação de valores e com exemplos de comportamento.

Para discernir com qualidade, a pessoa deve, obrigatoriamente, possuir metas de vida objetivas e claras, conhecimento do que vai fazer, e mais ainda: trabalhar para alcançar os resultados que espera.

No conjunto da arte de se disciplinar, não pode faltar o respeito pelas regras e a observação dos limites, sejam os íntimos, sejam os de interação com as outras pessoas.

Se alguém disser que os componentes de muitas famílias da atualidade são pobres em respeitar regras e em perceber limites, será difícil negar. Claro que o ideal seria que esse processo de reorganização estivesse voltado para o início da formação da família e das crianças, mas não há idade para aprender e mudar.

Outra constatação é que a vida em família está mal gerenciada, e as regras que a regulam estão obsoletas para os acelerados dias atuais.

É fácil perceber que as técnicas usadas para educar parecem arcaicas, tipo "faça o que digo, mas não o que faço".

Recursos pedagógicos como mentiras, chantagens, tentativa de controle, toma lá dá cá não mais funcionam; em outros tempos, até que dava para tapear, hoje não dá mais.

Consertar tudo isso não é tão complicado quanto parece.

Esperamos que você, amigo leitor, tenha aproveitado a leitura, e em breve publicaremos outros escritos complementares.

Deixamos, como lembrança e alento ao esforço, uma dica do Mestre Jesus:

"Aproveita e reconcilia-te com teus adversários enquanto estás a caminho com eles.".[18]

O lugar e a hora de usarmos a família como ferramenta de aprendizado de amor a nós mesmos e entre nós é aqui e agora...

Paz e luz!

---

18   Mateus 5:25.

BIBLIOGRAFIA

CANHOTO, Américo M. *A reforma íntima começa antes do berço*. Editora EBM, *Não ensine seu filho a adoecer*. Editora EBM e *Saúde ou doença: questão de escolha*. Editora Oficina Editorial, SP, 1999.

FREUD, Sigmund. *Obras completas*, 3ª ed., Editorial Biblioteca Nueva, Madrid, España.

GARCIA-ROZA, Luiz Alfredo. *Psicologia Estrutural em Kurt Lewin*. 2ª ed., Editora Vozes.

HENDERSON, Robert W. *Ajuda-te pela psicologia aplicada*. Editora Ibrasa.

JASON, Kathyrin J. J McMahon. *A coragem de decidir*. Editora Nova Fronteira.

KARDEC, Allan. *O evangelho segundo o espiritismo*. Editora FEB e *O livro dos espíritos*. Editora Lake, SP.

KILPATRICK, William H. *Educação para uma civilização em mudança*. Editora Melhoramentos.

LAND, Georg & JARMAN, Beth. *Ponto de ruptura e transformação*. 10ª ed., Editora Cultrix, SP, 1995.

LÓPEZ, Myra Y. *Quatro Gigantes da Alma*. Editora José Olympio.

MINICUCCI, Agostinho. *Dinâmica de Grupo na Escola*. Editora Melhoramentos.

MOLLER, Claus. *O lado Humano da qualidade*. Biblioteca Pioneira de Administração e Negócios, SP, 1992.

SENNET, Richard. *A corrosão do caráter*. Editora Record.

STEINER, Rudolf. *Guia para o conhecimento de si mesmo*. Editora Kier.

W. CORREL, & H. SCHWARZE, *Psicologia da Aprendizagem*. Editora: Epu, 1977.
_____ *Distúrbios da Aprendizagem*. Editora Edusp, 1974.

FICHA TÉCNICA

TÍTULO
RECONSTRUA SUA FAMÍLIA
Considerações para o pós-pandemia

AUTORIA
Dr. Américo Canhoto

EDIÇÃO
1ª

ISBN
978-65-87210-16-2

COORDENAÇÃO EDITORIAL
Ednei Procópio e Maria José

PREPARAÇÃO DE ORIGINAIS
Maria José, Nilma Helena e Ednei Procópio

REVISÃO ORTOGRÁFICA
Mariana Frungilo

CAPA
Rafael Victor

PROJETO GRÁFICO E DIAGRAMAÇÃO
Rafael Victor

COMPOSIÇÃO
Adobe Indesign CC, plataforma Windows

PÁGINAS
237

TAMANHO DO MIOLO
Miolo: 16 x 23 cm
Capa: 16 x 23 cm com orelhas de 6,85 cm

TIPOGRAFIA
Texto principal: Utopia Std Regular, 12,5/15
Título: Bebas Neue Bold, 30
Notas de rodapé: Baskerville, 10/15

MARGENS
22 mm: 28 mm: 22 mm: 25 mm
(superior:inferior:interna;externa)

REVISÃO DA DIAGRAMAÇÃO
Ednei Procópio e Nilma Helena

IMPRESSÃO
AtualDV (Curitiba/PR)

TIRAGEM
3.000

PAPEL
Miolo em Off set 90 g/m2
Capa Suzano Supremo 250 g/m2

CORES
Miolo 1x1 cores CMYK
Capa em 4x0 cores CMYK

ACABAMENTO
Miolo: brochura, cadernos costurados e colados.
Capa: brochura, laminação BOPP fosca, verniz UV com reserva.

PRODUÇÃO
Agosto/2021

NOSSAS PUBLICAÇÕES

SÉRIE REFLEXÕES DIÁRIAS

PARA SENTIR DEUS

Nos momentos atuais da humanidade sentimos extrema necessidade da presença de Deus. Ermance Dufaux resgata, para cada um, múltiplas formas de contato com Ele, de como senti-Lo em nossas vidas, nas circunstâncias que nos cercam e nos semelhantes que dividem conosco a jornada reencarnatória. Ver, ouvir e sentir Deus em tudo e em todos.

Wanderley Oliveira | Ermance Dufaux
11 x 15,5 cm
133 páginas

Somente

LIÇÕES PARA O AUTOAMOR

Mensagens de estímulo na conquista do perdão, da aceitação e do amor a si mesmo. Um convite à maravilhosa jornada do autoconhecimento que nos conduzirá a tomar posse de nossa herança divina.

Wanderley Oliveira | Ermance Dufaux
11 x 15,5 cm
128 páginas

Somente ebook

RECEITAS PARA A ALMA

Mensagens de conforto e esperança, com pequenos lembretes sobre a aplicação do Evangelho para o dia a dia. Um conjunto de propostas que se constituem em verdadeiros remédios para nossas almas.

Wanderley Oliveira | Ermance Dufaux
11 x 15,5 cm
146 páginas

Somente ebook

 ## SÉRIE CULTO NO LAR

VIBRAÇÕES DE PAZ EM FAMÍLIA

Quando a família se reúne para orar, ou mesmo um de seus componentes, o ambiente do lar melhora muito. As preces são emissões poderosas de energia que promovem a iluminação interior. A oração em família traz paz e fortalece, protege e ampara a cada um que se prepara para a jornada terrena rumo à superação de todos os desafios.

Wanderley Oliveira | Ermance Dufaux
16 x 23 cm
212 páginas

JESUS - A INSPIRAÇÃO DAS RELAÇÕES LUMINOSAS

Após o sucesso de "Emoções que curam", o espírito Ermance Dufaux retorna com um novo livro baseado nos ensinamentos do Cristo, destacando que o autoamor é a garantia mais sólida para a construção de relacionamentos luminosos.

Wanderley Oliveira | Ermance Dufaux
16 x 23 cm
304 páginas

REGENERAÇÃO - EM HARMONIA COM O PAI

Nos dias em que a Terra passa por transformações fundamentais, ampliando suas condições na direção de se tornar um mundo regenerado, é necessário desenvolvermos uma harmonia inabalável para aproveitar as lições que esses dias nos proporcionam por meio das nossas decisões e das nossas escolhas, [...].

Samuel Gomes | Diversos Espíritos
14 x 21 cm
223 páginas

AMOROSIDADE - A CURA DA FERIDA DO ABANDONO

Uma das mais conhecidas prisões emocionais na atualidade é a dor do abandono, a sensação de desamparo. Essa lesão na alma responde por larga soma de aflições em todos os continentes do mundo. Não há quem não esteja carente de ser protegido e acolhido, amado e incentivado nas lutas de cada dia.

Wanderley Oliveira | Ermance Dufaux
16 x 23 cm
300 páginas

SÉRIE DESAFIOS DA CONVIVÊNCIA

QUEM SABE PODE MUITO. QUEM AMA PODE MAIS

A lição central desta obra é mostrar que o conhecimento nem sempre é suficiente para garantir a presença do amor nas relações. "Estar informado é a primeira etapa. Ser transformado é a etapa da maioridade." - Eurípedes Barsanulfo.

Wanderley Oliveira | José Mário
16 x 23 cm
312 páginas

QUEM PERDOA LIBERTA - ROMPER OS FIOS DA MÁGOA ATRAVÉS DA MISERICÓRDIA

Continuação do livro "QUEM SABE PODE MUITO. QUEM AMA PODE MAIS" dando sequência à trilogia "Desafios da Convivência".

Wanderley Oliveira | José Mário
16 x 23 cm
320 páginas

SERVIDORES DA LUZ NA TRANSIÇÃO PLANETÁRIA

Nesta obra recebemos o convite para nos integrar nas fileiras dos Servidores da Luz, atuando de forma consciente diante dos desafios da transição planetária. Brilhante fechamento da trilogia.

Wanderley Oliveira | José Mário
14x21 cm
298 páginas

SÉRIE HARMONIA INTERIOR

LAÇOS DE AFETO - CAMINHOS DO AMOR NA CONVIVÊNCIA

Uma abordagem sobre a importância do afeto em nossos relacionamentos para o crescimento espiritual. São textos baseados no dia a dia de nossas experiências. Um estímulo ao aprendizado mais proveitoso e harmonioso na convivência humana.

Wanderley Oliveira | Ermance Dufaux
16 x 23 cm
312 páginas

ebook ESPANHOL

MEREÇA SER FELIZ - SUPERANDO AS ILUSÕES DO ORGULHO

Um estudo psicológico sobre o orgulho e sua influência em nossa caminhada espiritual. Ermance Dufaux considera essa doença moral como um dos mais fortes obstáculos à nossa felicidade, porque nos leva à ilusão.

Wanderley Oliveira | Ermance Dufaux
16 x 23 cm
296 páginas

 ESPANHOL

REFORMA ÍNTIMA SEM MARTÍRIO - AUTOTRANSFORMAÇÃO COM LEVEZA E ESPERANÇA

As ações em favor do aperfeiçoamento espiritual dependem de uma relação pacífica com nossas imperfeições. Como gerenciar a vida íntima sem adicionar o sofrimento e sem entrar em conflito consigo mesmo?

Wanderley Oliveira | Ermance Dufaux
16 x 23 cm
288 páginas

[ebook] [ESPANHOL] [INGLÊS]

ESCUTANDO SENTIMENTOS - A ATITUDE DE AMAR-NOS COMO MERECEMOS

Ermance afirma que temos dado passos importantes no amor ao próximo, mas nem sempre sabemos como cuidar de nós, tratando-nos com culpas, medos e outros sentimentos que não colaboram para nossa felicidade.

Wanderley Oliveira | Ermance Dufaux
16 x 23 cm
256 páginas

[ebook] [ESPANHOL]

PRAZER DE VIVER - CONQUISTA DE QUEM CULTIVA A FÉ E A ESPERANÇA

Neste livro, Ermance Dufaux, com seus ensinos, nos auxilia a pensar caminhos para alcançar nossas metas existenciais, a fim de que as nossas reencarnações sejam melhor vividas e aproveitadas.

Wanderley Oliveira | Ermance Dufaux
16 x 23 cm
248 páginas

[ebook]

DIFERENÇAS NÃO SÃO DEFEITOS - A RIQUEZA DA DIVERSIDADE NAS RELAÇÕES HUMANAS

Ninguém será exatamente como gostaríamos que fosse. Quando aprendemos a conviver bem com os diferentes e suas diferenças, a vida fica bem mais leve. Aprenda esse grande SEGREDO e conquiste sua liberdade pessoal.

Wanderley Oliveira | Ermance Dufaux
16 x 23 cm
248 páginas

[ebook]

EMOÇÕES QUE CURAM - CULPA, RAIVA E MEDO COMO FORÇAS DE LIBERTAÇÃO

Um convite para aceitarmos as emoções como forma terapêutica de viver, sintonizando o pensamento com a realidade e com o desenvolvimento da autoaceitação.

Wanderley Oliveira | Ermance Dufaux
16 x 23 cm
272 páginas

 SÉRIE AUTOCONHECIMENTO

QUAL A MEDIDA DO SEU AMOR?

Propõe revermos nossa forma de amar, pois estamos mais próximos de uma visão particularista do que de uma vivência autêntica desse sentimento. Superar limites, cultivar relações saudáveis e vencer barreiras emocionais são alguns dos exercícios na construção desse novo olhar.

Wanderley Oliveira | Ermance Dufaux
16 x 23 cm
208 páginas

APAIXONE-SE POR VOCÊ

Você já ouviu alguém dizer para outra pessoa: "minha vida é você"?
Enquanto o eixo de sua sustentação psicológica for outra pessoa, a sua vida estará sempre ameaçada, pois o medo da perda vai rondar seus passos a cada minuto.

Wanderley Oliveira
16 x 23 cm
152 páginas

DESCOMPLIQUE, SEJA LEVE

Um livro de mensagens para apoiar sua caminhada na aquisição de uma vida mais suave e rica de alegrias na convivência.

Wanderley Oliveira
16 x 23 cm
238 páginas

A VERDADE ALÉM DAS APARÊNCIAS - O UNIVERSO INTERIOR

Liberte-se da ansiedade e da angústia, direcionando o seu espírito para o único tempo que realmente importa: o presente. Nele você pode construir um novo olhar, amplo e consciente, que levará você a enxergar a verdade além das aparências.

Samuel Gomes
14 x 21 cm
272 páginas

7 CAMINHOS PARA O AUTOAMOR

O tema central dessa obra é o autoamor que, na concepção dos educadores espirituais, tem na autoestima o campo elementar para seu desenvolvimento. O autoamor é algo inato, herança divina, enquanto a autoestima é o serviço laborioso e paciente de resgatar essa força interior, ao longo do caminho de volta à casa do Pai.

Wanderley Oliveira | Pai João de Angola
16 x 23 cm
272 páginas

FALA, PRETO VELHO

Um roteiro de autoproteção energética através do autoamor. Os textos aqui desenvolvidos permitem construir nossa proteção interior por meio de condutas amorosas e posturas mentais positivas, para criação de um ambiente energético protetor ao redor de nossas vidas.

Wanderley Oliveira | Pai João de Angola
16 x 23 cm
291 páginas

ebook

DEPRESSÃO E AUTOCONHECIMENTO - COMO EXTRAIR PRECIOSAS LIÇÕES DESSA DOR

A proposta de tratamento complementar da depressão aqui abordada tem como foco a educação para lidar com nossa dor, que muito antes de ser mental, é moral.

Wanderley Oliveira
16 x 23 cm
235 páginas

ebook

APOCALIPSE SEGUNDO A ESPIRITUALIDADE - O DESPERTAR DE UMA NOVA CONSCIÊNCIA

Num curso realizado em uma colônia do plano espiritual, o livro Apocalipse, de João Evangelista, é estudado de forma dinâmica e de fácil entendimento, desvendando a simbologia das figuras místicas sob o enfoque do autoconhecimento.

Samuel Gomes
16 x 23 cm
313 páginas

A REDENÇÃO DE UM EXILADO

A obra traz informações sobre a formação da civilização, nos primórdios da Terra, que contou com a ajuda do exílio de milhões de espíritos mandados para cá para conquistar sua recuperação moral e auxiliar no desenvolvimento das raças e da civilização. É uma narrativa do Apóstolo Lucas, que foi um desses enviados, e que venceu suas dificuldades íntimas para seguir no trabalho orientado pelo Cristo.

Samuel Gomes | Lucas
16 x 23 cm
368 páginas

CONECTE-SE A VOCÊ - O ENCONTRO DE UMA NOVA MENTALIDADE QUE TRANSFORMARÁ A SUA VIDA

Este livro vai te estimular na busca de quem você é verdadeiramente. Com leitura de fácil assimilação, ele é uma viagem a um país desconhecido que, pouco a pouco, revela características e peculiaridades que o ajudarão a encontrar novos caminhos. Para esta viagem, você deve estar conectado a sua essência. A partir daí, tudo que você fizer o levará ao encontro do propósito que Deus estabeleceu para sua vida espiritual.

Rodrigo Ferretti
16 x 23 cm
256 páginas

 SÉRIE **REGENERAÇÃO**

FUTURO ESPIRITUAL DA TERRA

As necessidades, as estruturas perispirituais e neuropsíquicas, o trabalho, o tempo, as características sociais e os próprios recursos de natureza material se tornarão bem mais sutis. O futuro já está em construção e André Luiz, através da psicografia de Samuel Gomes, conta como será o Futuro Espiritual da Terra.

Samuel Gomes | André Luiz
16 x 23 cm
344 páginas

XEQUE-MATE NAS SOMBRAS - A VITÓRIA DA LUZ

André Luiz traz notícias das atividades que as colônias espirituais, ao redor da Terra, estão realizando para resgatar os espíritos que se encontram perdidos nas trevas e conduzi-los a passar por um filtro de valores, seja para receberem recursos visando a melhorar suas qualidades morais – se tiverem condições de continuar no orbe – seja para encaminhá-los ao degredo planetário.

Samuel Gomes | André Luiz
16 x 23 cm
212 páginas

A DECISÃO - CRISTOS PLANETÁRIOS DEFINEM O FUTURO ESPIRITUAL DA TERRA

"Os Cristos Planetários do Sistema Solar e de outros sistemas se encontram para decidir sobre o futuro da Terra na sua fase de regeneração. Numa reunião que pode ser considerada, na atualidade, uma das mais importantes para a humanidade terrestre, Jesus faz um pronunciamento direto sobre as diretrizes estabelecidas por Ele para este período."

Samuel Gomes | André Luiz e Chico Xavier
16 x 23 cm
210 páginas

SÉRIE ESTUDOS DOUTRINÁRIOS

ATITUDE DE AMOR

Opúsculo contendo a palestra "Atitude de Amor" de Bezerra de Menezes, o debate com Eurípedes Barsanulfo sobre o período da maioridade do Espiritismo e as orientações sobre o "movimento atitude de amor". Por uma efetiva renovação pela educação moral.

Wanderley Oliveira | Ermance Dufaux e Cícero Pereira
14 x 21 cm
94 páginas

SEARA BENDITA

Um convite à reflexão sobre a urgência de novas posturas e conceitos. As mudanças a adotar em favor da construção de um movimento social capaz de cooperar com eficácia na espiritualização da humanidade.

Wanderley Oliveira e Maria José Costa | Diversos Espíritos
14 x 21 cm
284 páginas

Gratuito em nosso site, somente em:

NOTÍCIAS DE CHICO

"Nesta obra, Chico Xavier afirma com seu otimismo natural que a Terra caminha para uma regeneração de acordo com os projetos de Jesus, a caracterizar-se pela tolerância humana recíproca e que precisamos fazer a nossa parte no concerto projetado pelo Orientador Maior, principalmente porque ainda não assumimos responsabilidades mais expressivas na sustentação das propostas elevadas que dizem respeito ao futuro do nosso planeta."

Samuel Gomes | Chico Xavier
16 x 23 cm
181 páginas

SÉRIE ROMANCE MEDIÚNICO

OS DRAGÕES - O DIAMANTE NO LODO NÃO DEIXA DE SER DIAMANTE

Um relato leve e comovente sobre nossos vínculos com os grupos de espíritos que integram as organizações do mal no submundo astral.

Wanderley Oliveira | Maria Modesto Cravo
16 x 23cm
522 páginas

LÍRIOS DE ESPERANÇA

Ermance Dufaux alerta os espíritas e lidadores do bem de um modo geral, para as responsabilidades urgentes da renovação interior e da prática do amor neste momento de transição evolutiva, através de novos modelos de relação, como orientam os benfeitores espirituais.

Wanderley Oliveira | Ermance Dufaux
16 x 23 cm
508 páginas

AMOR ALÉM DE TUDO

Regras para seguir e rótulos para sustentar. Até quando viveremos sob o peso dessas ilusões? Nessa obra reveladora, Dr. Inácio Ferreira nos convida a conhecer a verdade acima das aparências. Um novo caminho para aqueles que buscam respeito às diferenças e o AMOR ALÉM DE TUDO.

Wanderley Oliveira | Inácio Ferreira
16 x 23 cm
252 páginas

ABRAÇO DE PAI JOÃO

Pai João de Angola retorna com conceitos simples e práticos, sobre os problemas gerados pela carência afetiva. Um romance com casos repletos de lutas, desafios e superações. Esperança para que permaneçamos no processo de resgate das potências divinas de nosso espírito.

Wanderley Oliveira | Pai João de Angola
16 x 23 cm
224 páginas

UM ENCONTRO COM PAI JOÃO

A obra também fala do valor de uma terapia, da necessidade do autoconhecimento, dos tipos de casamentos programados antes do reencarne, dos processos obsessivos de variados graus e do amparo de Deus para nossas vidas por meio dos amigos espirituais e seus trabalhadores encarnados. Narra também em detalhes a dinâmica das atividades socorristas do centro espírita.

Wanderley Oliveira | Pai João de Angola
16 x 23 cm
220 páginas

O LADO OCULTO DA TRANSIÇÃO PLANETÁRIA

O espírito Maria Modesto Cravo aborda os bastidores da transição planetária com casos conectados ao astral da Terra.

Wanderley Oliveira | Maria Modesto Cravo
16 x 23 cm
288 páginas

PERDÃO - A CHAVE PARA A LIBERDADE

Neste romance revelador, conhecemos Onofre, um pai que enfrenta a perda de seu único filho com apenas oito anos de idade. Diante do luto e diversas frustrações, um processo desafiador de autoconhecimento o convida a enxergar a vida com um novo olhar. Será essa a chave para a sua libertação?

Adriana Machado | Ezequiel
14 x 21 cm
288 páginas

1/3 DA VIDA - ENQUANTO O CORPO DORME A ALMA DESPERTA

A atividade noturna fora da matéria representa um terço da vida no corpo físico, e é considerada por nós como o período mais rico em espiritualidade, oportunidade e esperança.

Wanderley Oliveira | Ermance Dufaux
16 x 23 cm
279 páginas

NEM TUDO É CARMA, MAS TUDO É ESCOLHA

Somos todos agentes ativos das experiências que vivenciamos e não há injustiças ou acasos em cada um dos aprendizados.

Adriana Machado | Ezequiel
16 x 23 cm
536 páginas

 ## SÉRIE ESPÍRITOS DO BEM

GUARDIÕES DO CARMA - A MISSÃO DOS EXUS NA TERRA

Pai João de Angola quebra com o preconceito criado em torno dos exus e mostra que a missão deles na Terra vai além do que conhecemos. Na verdade, eles atuam como guardiões do carma, nos ajudando nos principais aspectos de nossas vidas.

Wanderley Oliveira | Pai João de Angola
16 x 23 cm
288 páginas

GUARDIÃS DO AMOR - A MISSÃO DAS POMBAGIRAS NA TERRA

"São um exemplo de amor incondicional e de grandeza da alma. São mães dos deserdados e angustiados. São educadoras e desenvolvedoras do sagrado feminino, e nesse aspecto são capazes de ampliar, nos homens e nas mulheres, muitas conquistas que abrem portas para um mundo mais humanizado, [...]".

Wanderley Oliveira | Pai João de Angola
16 x 23 cm
232 páginas

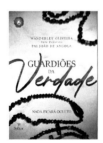

GUARDIÕES DA VERDADE - NADA FICARÁ OCULTO

Neste momento de batalhas decisivas rumo aos tempos da regeneração, esta obra é um alerta que destaca a importância da autenticidade nas relações humanas e da conduta ética como bases para uma forma transparente de viver. A partir de agora, nada ficará oculto, pois a Verdade é o único caminho que aguarda a humanidade para diluir o mal e se estabelecer na realidade que rege o universo.

Wanderley Oliveira | Pai João de Angola
16 x 23 cm
236 páginas

SÉRIE FAMÍLIA E ESPIRITUALIDADE

UM JOVEM OBSESSOR - A FORÇA DO AMOR NA REDENÇÃO ESPIRITUAL

Um jovem conta sua história, compartilhando seus problemas após a morte, falando sobre relacionamentos, sexo, drogas e, sobretudo, da força do amor na redenção espiritual.

Adriana Machado | Jefferson
16 x 23 cm
392 páginas

UM JOVEM MÉDIUM - CORAGEM E SUPERAÇÃO PELA FORÇA DA FÉ

A mediunidade é um canal de acesso às questões de vidas passadas que ainda precisam ser resolvidas. O livro conta a história do jovem Alexandre que, com sua mediunidade, se torna o intermediário entre as histórias de vidas passadas daqueles que o rodeiam tanto no plano físico quanto no plano espiritual. Surpresos com o dom mediúnico do menino, os pais, de formação Católica, se veem às voltas com as questões espirituais que o filho querido traz para o seio da família.

Adriana Machado | Ezequiel
16 x 23 cm
365 páginas

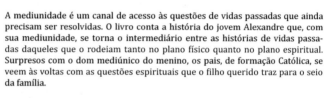

RECONSTRUA SUA FAMÍLIA - CONSIDERAÇÕES PARA O PÓS-PANDEMIA

Vivemos dias de definição, onde nada mais será como antes. Necessário redefinir e ampliar o conceito de família. Isso pode evitar muitos conflitos nas interações pessoais. O autoconhecimento seguido de reforma íntima será o único caminho para transformação do ser humano, das famílias, das sociedades e da humanidade.

Dr. Américo Canhoto
16 x 23 cm
237 páginas

SÉRIE CONSCIÊNCIA DESPERTA

SAIA DO CONTROLE - UM DIÁLOGO TERAPEUTICO E LIBERTADOR ENTRE A MENTE E A CONSCIÊNCIA

Agimos de forma instintiva por não saber observar os pensamentos e emoções que direcionam nossas ações de forma condicionada. Por meio de uma observação atenta e consciente, identificando o domínio da mente em nossas vidas, passamos a viver conscientes das forças internas que nos regem.

Rossano Sobrinho
16 x 23 cm
268 páginas